La Surprise du chef

POLITICO

sous la direction de Pauline de Saint Remy

avec Anthony Lattier, Sarah Paillou,
Anne-Charlotte Dusseaulx et Élisa Bertholomey

La Surprise du chef

De la dissolution aux élections, 28 jours qui ont stupéfié la France

DENOËL

« Ce qui les anime, c'est le jeu.
Ce sont d'abord des joueurs. »

Conseiller parlementaire
anonyme, mai 2024

PROLOGUE

Dimanche 9 juin, 19 h 55. Debout au bar du restaurant Le Bœuf à la Fleur de Sel, à Guéret, dans la Creuse, où il suit la soirée électorale sur un écran de télévision, Jean-Baptiste Moreau apprend qu'Emmanuel Macron s'apprête à s'exprimer depuis l'Élysée. Ni une ni deux, l'ancien député, un fidèle du chef de l'État, lui écrit en employant l'une des expressions fétiches du président, devenue formule consacrée en Macronie : « Si tu prends la parole, je suppose que c'est pour renverser la table ? » Réponse sans détour de l'intéressé : « Voilà. » Pour Moreau, cela ne fait pas un pli : Emmanuel Macron s'apprête à dissoudre l'Assemblée nationale, dans la foulée des élections européennes. Dans une boucle Telegram qu'il partage avec des copains du premier mandat, dont les ministres Roland Lescure et Marie Lebec, Moreau s'empresse alors de répondre à ceux qui se demandent depuis quelques heures si les bruits qui courent sont sérieux. « Oui, ça monte », pianote-t-il. « Mais non, c'est pas possible ! » écrit Lescure en retour, scié.

Il y a bientôt une heure, pourtant, que la folle rumeur bruit dans les rédactions. Le président, dit-on, a sondé plusieurs de ses interlocuteurs dans la journée. Son conseiller « mémoire », l'ombrageux Bruno Roger-Petit – qui a l'habitude, à ses (nombreuses) heures perdues, de nourrir la presse de petites phrases juteuses – ne se prive pas de faire savoir hors des murs du Palais que le président doit faire ce soir une « annonce d'importance ». Un « moment gaullien » serait à prévoir, écrit-il même avec un brin de pompe à quelques journalistes, dont nous.

L'info volette de smartphone en smartphone et sème rapidement la confusion chez d'autres conseillers et collaborateurs du président, pour la plupart réunis sous les lustres de la vaste salle des fêtes de l'Élysée, où ils ont été invités à passer la soirée électorale, comme c'est l'habitude. Beaucoup croient à un coup de bluff présidentiel. « Mais non, c'est une connerie », nous écrit l'un d'entre eux, sûr de son coup.

Un peu plus tôt, à 19 heures, fraîchement informé des premières tendances sorties des urnes (elles sont mauvaises : la liste macroniste emmenée par Valérie Hayer n'a pas fait mentir les sondages et terminera loin derrière le Rassemblement national, à 14,56 %), le chef de l'État, flanqué de son bras droit, Alexis Kohler, a réuni plusieurs ministres et cadres de la majorité dans le salon des Ambassadeurs – celui du Conseil des ministres, aux grands miroirs et aux murs couverts de dorures – pour leur annoncer sa décision de dissoudre. Gabriel Attal, Yaël Braun-Pivet, Bruno Le Maire, Gérald Darmanin, Sébastien Lecornu, Rachida Dati, Éric Dupond-Moretti, Stéphane Séjourné et Richard Ferrand, notamment, sont présents.

Édouard Philippe, prévenu d'un bref coup de téléphone, n'a pas fait le déplacement. Sans doute n'est-il pas mécontent d'avoir cette fois encore un prétexte tout trouvé pour esquiver une réunion à l'Élysée : comme souvent les soirs d'élections, il est resté au Havre « auprès de ses administrés », selon son chef de cabinet. François Bayrou n'est pas là non plus. Le président a toutefois pris soin d'appeler aussi le patron du MoDem, depuis sa voiture sur la route du retour du Touquet. Avec lui, les échanges sont plus cordiaux, il est d'ailleurs favorable au principe d'une dissolution, même s'il l'attendait pour la rentrée.

Les huiles de la majorité présidentielle, après avoir dûment laissé leur portable dans une boîte à l'entrée, ont dû patienter quelques instants dans le jardin de l'Élysée, où une table était dressée, jusqu'à ce que des huissiers leur fassent signe d'entrer. « T'en penses quoi, toi, Gérald ? » a sondé Rachida Dati, cherchant manifestement à se faire un avis.

Et puis le président est arrivé. Il a l'air « détendu, comme à son habitude », nous rapportera un participant. S'adressant d'abord à Gérald Darmanin, qu'il nomme « Monsieur le ministre de l'Intérieur », Emmanuel Macron lui demande de faire un point sur les résultats. « C'est clair, c'est un échec », enchaîne le chef de l'État, avant de lâcher formellement la nouvelle tant attendue. En substance, il explique qu'il n'a pas le choix. Avec une participation plus importante qu'aux législatives de 2022, près d'un électeur sur deux a opté pour un vote « populiste », souligne-t-il (il vise le RN, les zemmouristes de Reconquête et La France insoumise, qui totalisent plus de 46 % des voix). Remanier ? Il a déjà essayé, pas plus tard qu'en janvier dernier (Gabriel Attal appréciera). Ne rien faire ? Ce serait rester sourd. Et le gouvernement, à coup sûr, tombera à l'automne avec l'examen du budget, qui s'annonce chaud. Le président insiste alors sur l'importance de dissoudre aujourd'hui plutôt qu'après les vacances d'été, pour tâcher de prendre ses adversaires de court. Il a déjà choisi les dates des élections, ce sera le 30 juin et le 7 juillet, soit le délai le plus bref que lui impose la Constitution. La gauche ? « Bon courage à elle pour s'unir en trois semaines ! » plastronne-t-il. Pour finir, Emmanuel Macron explique qu'à tout prendre, « mieux vaut une cohabitation avec [Jordan] Bardella maintenant que laisser les clés du Palais au RN en 2027 », nous résumera le convive cité précédemment.

Face à Macron, autour de la table ovale, le Premier ministre encaisse difficilement et tire sur sa cigarette électronique, la mine fermée, les bras croisés. Bien sûr, il y a eu de rares indices, comme dans l'après-midi lorsque son équipe, prévenant les services du chef de l'État qu'un « comité de campagne » se tiendrait à 18 h 15 pour caler des éléments de langage en prévision de la soirée électorale, s'est vu ordonner un « On attend ». Attal venait d'apprendre en outre que le président comptait prendre la parole ce soir, alors que lui prévoyait de le faire (le pupitre était prêt). Mais comment pourrait-il… ? Emmanuel Moulin, son directeur de cabinet, informé à l'instant par Kohler, son copain de promotion à Sciences Po, lui a alors transmis le message. Le Premier ministre, pourtant censé être « consulté », selon la Constitution, n'a été personnellement prévenu par le président qu'à 18 h 45. Décrochant son téléphone depuis le pavillon de musique, au fond du jardin à Matignon – où tant de chefs de gouvernement avant lui ont fomenté des plans secrets, et qu'il a fait réaménager pour s'y installer lors de son arrivée cinq mois plus tôt seulement –, Gabriel Attal a vainement tenté de dissuader Emmanuel Macron, insistant notamment pour lui remettre sa démission, comme le veut la tradition, après une défaite électorale. « Je suis le fusible », a-t-il plaidé[1], sans succès. « Ça a été un choc terrible », nous confiera l'un de ses proches, présent au moment du coup de fil présidentiel. C'est trop tard désormais. « Je vous suis[2] », marmonne-t-il, sans conviction.

Prenant la parole à son tour dans le salon des Ambassadeurs, le ministre des Armées Sébastien Lecornu demande au chef de l'État s'il a fait procéder à des sondages en amont. « Non », répond-il. « Monsieur le président, votre décision est désormais la nôtre », assure quant à lui Bruno Le Maire, à une extrémité de la table. Le ministre de l'Économie a déjà exprimé à de nombreuses reprises ses réserves sur le principe d'une dissolution. Il ne juge pas utile d'en dire plus.

La photographe officielle de l'Élysée, Soazig de La Moissonnière, immortalise la scène. Gérald Darmanin, les mains jointes sur le nez, est comme incrédule. Il fait pourtant partie, dit-on, de ceux qui ont poussé le président à prendre cette décision irréversible. « Le truc, c'est qu'il ne pensait pas que Macron le ferait... », se marrera a posteriori l'un de ses vieux amis. Stéphane Séjourné, le secrétaire général du parti présidentiel, Renaissance, a lui aussi l'air grave, mais concentré. Avait-il été mis dans la confidence ? Il titillait ses

1. Anne Saurat-Dubois, « Comment Gabriel Attal a tenté de dissuader Emmanuel Macron de dissoudre l'Assemblée », bfmtv.com, 10 juin 2024.

2. Olivier Beaumont et Pauline Théveniaud, « Emmanuel Macron, Gabriel Attal et la dissolution... L'histoire secrète d'une quasi rupture », *Le Parisien – Aujourd'hui en France*, 16 juin 2024.

équipes sur le sujet depuis quinze jours, sans que l'on sache s'il était tout à fait sérieux : « Tenez-vous prêts, ressortez les documents des législatives ! » leur a-t-il lancé il y a peu, laissant penser que la prochaine campagne était imminente. N'empêche que celle des européennes a creusé un sacré trou dans les finances du parti et que rien, justement, n'est prêt au quartier général.

Elle, est carrément estomaquée. Quand vient son tour de parler, Yaël Braun-Pivet, présidente de l'Assemblée nationale, rappelle sans ménagement au chef de l'État qu'il est tenu par le texte fondateur de la Ve République de « consulter » aussi les présidents des deux chambres avant de prendre une telle décision. « C'est ce que nous sommes en train de faire », rétorque Emmanuel Macron. « Je souhaiterais en parler en tête-à-tête », insiste la députée des Yvelines, dont le président n'avait pas souhaité l'arrivée au perchoir en 2022. « On le fera après. » Quand, un peu plus tard, il lui accorde enfin un entretien sur les chaises de jardin de la terrasse de l'Élysée, la locataire de l'hôtel de Lassay lui redit tout le mal qu'elle pense de sa décision. Elle argue, en vain, que l'Assemblée fonctionne, depuis 2022, et que des textes y sont votés, bien que le gouvernement ne dispose que d'une majorité relative. Elle lui rappelle ce qu'elle lui a déjà dit en privé, quelques jours plus tôt : elle a entamé des discussions avec le président du Sénat, Gérard Larcher, et celui des Républicains, Éric Ciotti, pour permettre à la majorité présidentielle et au gouvernement de surmonter l'épreuve de l'adoption du budget, à la rentrée, sans subir de motion de censure. Elle doit encore y travailler cet été. Avec son soutien, plaide-t-elle, ils peuvent y arriver. Elle n'aura pas plus de succès que Gabriel Attal. La rumeur se répandra même rapidement qu'elle a suggéré au président de la nommer à Matignon… Dur métier.

Après un quart d'heure d'entretien, Yaël Braun-Pivet rappelle à Emmanuel Macron qu'il lui faut parler au président du Sénat, justement. Gérard Larcher, prévenu à 20 h 15 par un coup de téléphone présidentiel qui n'a duré qu'une minute trente[1], n'aura pas plus le sentiment d'avoir été véritablement « consulté ». « Il faudra bien qu'il y ait un accord à un moment… », glisse seulement en substance Emmanuel Macron à ce poids lourd des Républicains – déjà, le président songe à de futures alliances, tandis que ceux à qui il s'adresse, pantois, n'entrevoient qu'un raz-de-marée pour l'extrême droite… En quittant le Palais, Yaël Braun-Pivet aperçoit dans la cour les camions satellites déjà en place pour retransmettre la déclaration du chef de l'État et songe que, décidément, cette réunion n'avait pas le goût d'une concertation.

1. Solenn de Royer, « L'avertissement de Gérard Larcher à Emmanuel Macron : "On ne joue pas avec la France" », *Le Monde*, 11 juillet 2024.

DIMANCHE 9 JUIN

Ça tonne

Quelques minutes avant l'annonce des résultats, à la Mutualité, où se tient la soirée électorale de la liste macroniste pour les européennes, Valérie Hayer, sa tête d'affiche, patiente au premier étage avec une poignée de conseillers et son directeur de campagne, le député Pieyre-Alexandre Anglade. Tous deux étaient censés participer à distance à la réunion élyséenne de 19 heures, mais le téléphone n'a jamais sonné. Drôle d'ambiance. Gabriel Attal, qui devait passer, ne viendra pas non plus. Coup de téléphone du président, enfin, juste avant 20 heures. Hayer sort de la salle brièvement. Puis revient, les traits pâlots, informer ses collaborateurs de l'annonce qu'Emmanuel Macron s'apprête à faire.

Au même moment, un comité politique de la majorité présidentielle se tient dans une salle du rez-de-chaussée. L'entourage de Gabriel Attal a tenté une bonne partie de la journée de le délocaliser à Matignon, sans succès – averti, l'Élysée a ordonné à l'équipe de campagne de s'en tenir au dispositif prévu. Objectif de la réunion : s'accorder entre poids lourds de la majorité présidentielle sur la meilleure façon de commenter les résultats dans les médias ce soir.

Ministres et autres chefs de parti ou de groupes parlementaires – ceux qui n'ont pas été conviés un peu plus tôt à l'Élysée – livrent donc doctement leurs analyses autour d'une table en U. Certains d'entre eux ont été prévenus par des collègues ou ont eu vent de la rumeur, tout comme les petites mains dans la salle savent déjà avec certitude que le chef de l'État va dissoudre. Rien de ce qui est dit n'aura d'importance dans une heure, songent-ils, hébétés. « Ah, le président va parler ! » interrompt enfin quelqu'un, zieutant l'alerte AFP qui vient de tomber.

Les collaborateurs, gênés de constater que le Palais n'a pas pris la peine de prévenir officiellement l'état-major politique de la campagne avant la presse, proposent aux ministres de monter regarder l'allocution à l'étage. Une bonne partie du gouvernement se retrouve alors dans... un monte-charge, préféré aux escaliers pour éviter les journalistes qui commencent à s'affoler. Problème technique : il descend. Malaise. « C'est comme pour les sondages, on n'arrive pas à monter », grince alors Prisca Thevenot, la porte-parole du gouvernement. On rit, mais jaune.

Face au petit écran qu'on leur a installé pour écouter le président, peu avant 21 heures, plusieurs ne cacheront pas leur « effroi », nous rapporte un témoin. Mais la plupart, à peine la déclaration passée, s'affairent sans perdre de temps, passant, pour certains, les premiers coups de téléphone pour lancer leur campagne. Plusieurs piliers du gouvernement, comme Rachida Dati, Éric Dupond-Moretti, Gérald Darmanin, eux, assurent déjà le service après-vente dans les médias. L'Élysée, qui a passé ses consignes à l'équipe de campagne sans intégrer Matignon dans la boucle, a tenu à ce que seuls les ténors des plateaux commentent l'annonce à chaud. Il n'est pas interdit de le dire : il va falloir un peu d'aplomb et du répondant.

Vers 21 h 30, Valérie Hayer, elle, se retrouve comme prévu à prendre la parole pour clôturer sa campagne... dans une salle vidée, au point qu'on y fera revenir prestement quelques petites mains de la campagne pour les images.

Ceux qui SAV

Les *spin doctors* du président s'attellent eux aussi à la tâche, mais n'ont pas encore idée de la soirée qu'ils s'apprêtent à passer. Quelques minutes après l'allocution d'Emmanuel Macron, trois d'entre eux tâchent tant bien que mal d'expliquer la décision présidentielle lors d'un briefing téléphonique organisé à chaud et via une boucle WhatsApp pour la presse. « On y va pour gagner ! » ose lancer d'entrée de jeu le conseiller en communication Jonathan Guémas, histoire de couper court à l'idée que le chef de l'État aurait décidé de sacrifier sa majorité – et en dépit du score désespérément bas des macronistes aux européennes. Les journalistes, pour beaucoup effarés et en pleine montée d'adrénaline, l'inondent de questions, jamais vraiment satisfaits des réponses : « En cas de victoire de l'extrême droite, que ferait le PR ? Deuxième tour moins de 20 jours avant les JO, cela ne menace-t-il pas la tenue de l'événement ? » Aux petites heures du jour, Bruno Roger-Petit, lui aussi présent au briefing, nous certifiera en off, et à sa façon toute personnelle, que la décision présidentielle était en réflexion depuis des semaines : « Ça coagule et… à un moment, c'est une évidence. »

Vers 22 heures pourtant, les membres du gouvernement, qui se sont retrouvés au complet autour d'Emmanuel Macron pour un Conseil des ministres extraordinaire convoqué par mail une demi-heure plus tôt, ne semblent pas totalement acquis à « l'évidence ». « T'es complètement barge ! » a lancé un Franck Riester furax à Gérald Darmanin, dans l'antichambre où ils attendaient l'arrivée du président. « Je suis mort, moi, en Seine-et-Marne ! » a-t-il ajouté, en référence à sa circonscription. Le ministre de l'Intérieur s'est défendu en retour d'avoir fait plus que donner son avis au président de la République. « C'est n'importe quoi », a renchéri Roland Lescure, en colère lui aussi. N'apprenant la nouvelle de la dissolution qu'en entendant le chef de l'État à la télévision, depuis la loge maquillage de France Info, le ministre de l'Industrie a dû commenter quelques secondes plus tard, en direct, une décision qu'il déplore absolument. Et pour cause : la gauche vient de faire 48 % en cumulé dans sa circonscription des Français d'Amérique du Nord, aux européennes. L'extrême droite, 12 %. « Ma circo n'est pas plus gagnée que la vôtre ! » fait valoir Darmanin.

Face au président, qui, après avoir rejoint les membres du gouvernement, répète comme un mantra que sa majorité retrouvera une « dynamique » dans ce qui est une nouvelle élection – il enjoint même ses ministres à se lancer eux-mêmes dans la bataille –, Lescure ne cache pas là non plus son extrême scepticisme : « Pour l'instant, la dynamique, elle est contre nous. » (« Tu as bien fait », le félicitera

Bruno Le Maire un peu plus tard à la sortie, sur le perron de l'Élysée.) Le chef de l'État trouvera toutefois un appui chez Rachida Dati et Gérald Darmanin. « Ce sont 577 élections », souligne le locataire de Beauvau, assurant sans ciller que la Macronie peut désormais s'appuyer sur des députés bien « ancrés » dans leurs territoires respectifs.

Emmanuel Macron est convaincu de pouvoir impulser une nouvelle dynamique. Aussi annonce-t-il son intention de tenir une conférence de presse en début de semaine.

À son tour, Éric Dupond-Moretti assure le chef de l'État de son soutien, avant de mettre les pieds dans le plat sur un sujet qui lui tient à cœur : « Est-ce qu'on continue à aller sur CNews ? » interroge-t-il. Venant du ministre de la Justice, qui revendique de boycotter les médias du groupe Bolloré, le sous-entendu est clair : faut-il continuer à vouloir parler à la droite et à l'extrême droite, après une campagne qui a vu une partie des électeurs d'Emmanuel Macron trouver refuge chez le social-démocrate Raphaël Glucksmann ? Réponse du président, résumée par un participant : « Oui, il faut parler à tout le monde. »

Au même moment, Jonathan Guémas tâche de son côté de convaincre les dircoms des ministères, qu'il a réunis en visio pour un brief, encore un. Le gouffre entre le conseiller du président et ses interlocuteurs est tout aussi béant. « C'est l'ADN du macronisme que de renverser la table », expose-t-il fièrement à des collaborateurs de ministre pour beaucoup sidérés par la « déconnexion » de leurs homologues élyséens, comme ils nous le confieront par la suite. Non, décidément, l'expression « renverser la table » ne produit plus son petit effet. Sept ans de macronisme sont passés par là et ils n'ont pas encore commencé à digérer la fessée des européennes. Beaucoup d'entre eux voient surtout depuis quelques heures leur avenir professionnel partir en fumée. « Vous ne nous avez pas demandé comment on va », interrompt une conseillère, ulcérée. « Les gens vont nous demander pourquoi on a fait ça, vous pouvez nous dire ce qu'on leur répond ? » Guémas ne le voit pas à l'écran, mais ils sont quelques-uns à écrire à la jeune femme hors caméra pour la remercier d'exprimer leur désarroi. Il plaide la sincérité.

Le lendemain, à 15 heures – et alors que l'équipe du Premier ministre ne répond plus –, la même conseillère réclamera un nouveau rendez-vous sur la boucle WhatsApp des communicants du gouvernement, arguant qu'elle ne sait toujours pas quoi répondre aux journalistes qui l'interrogent. La réunion, qui aura lieu en « présentiel » en début de soirée à l'Élysée (ce qui est inhabituel, Matignon coordonnant en principe la communication de l'exécutif), permettra à d'autres conseillers de vider leur sac, face à un entourage présidentiel encore convaincu que la majorité peut créer la surprise dans cette campagne éclair. « On ne voit pas l'issue », préviendra l'un. « La violence est au coin du chemin », s'inquiétera l'autre. « S'ils avaient distribué des tracts cinq minutes dans leur vie, ils n'auraient jamais fait ça », cinglera une participante auprès de nous.

Branle-bas de combat

Mis au chômage en quelques secondes par le chef de l'État, de nombreux députés n'ont pas attendu que les dates de l'élection soient publiées au *Journal officiel* pour annoncer qu'ils étaient candidats à leur réélection. C'est le cas du président de la commission des lois Sacha Houlié, du témoin de mariage du président Marc Ferracci, du chef de file des communistes à l'Assemblée André Chassaigne, de l'Écolo Cyrielle Chatelain, ou encore de l'inclassable Charles de Courson, pilier de l'Assemblée, pourfendeur en chef du pouvoir macroniste pendant les débats sur la réforme des retraites l'an dernier. D'autres rêvent d'un retour, comme l'ancien ministre du Budget Jérôme Cahuzac, qui a purgé en 2023 sa peine de cinq ans d'inéligibilité pour fraude fiscale (oui, oui).

Ceux du groupe Renaissance – ils sont 168 sortants – improvisent une réunion en visio vers 22 heures pour tenter d'y voir plus clair. La plupart s'inquiètent de leur capacité à lancer une campagne en quelques jours. Il leur faudra notamment imprimer des affiches et ouvrir un compte de campagne. « Je vais repartir ? » a écrit Jean-Baptiste Moreau à Emmanuel Macron, juste après son allocution. « Oui », lui répond le président. Battu aux élections législatives de 2022 dans sa circonscription creusoise, après cinq années de mandat, le « Monsieur Agriculture » de la majorité s'exécutera sans barguigner. Et sans plus de succès qu'il y a deux ans.

Au même moment, le secrétaire général du parti, Stéphane Séjourné – qui a précisé par écrit aux membres de son bureau exécutif qu'il prenait « en charge l'organisation de la campagne » –, fait savoir à l'AFP que le camp présidentiel « ne présentera pas de candidat » contre des députés sortants « faisant partie du champ républicain » et « qui souhaitent s'investir sur un projet clair pour le pays ». Deux initiatives personnelles, apprendra-t-on. Mais chaque mot compte, et ce qui apparaît à ce stade comme la stratégie présidentielle après l'élection est clair : attirer vers le bloc central un maximum de députés issus des Républicains, du PS et consorts – pas du RN ni de La France insoumise, nous précise dans la foulée l'entourage de Séjourné – en facilitant leur réélection en contrepartie.

Mais pour élargir son assise, encore faudra-t-il que la majorité présidentielle reparte unie. Or une question pratique et lourde de symbole est déjà dans toutes les têtes : vu le contexte, vu l'annonce, Renaissance, le MoDem et Horizons rouleront-ils sous une bannière commune, comme en 2022, lorsque les trois partis avaient provisoirement disparu sous l'appellation « Ensemble » ? À minuit, au siège de Renaissance, on n'en doute pas : « On part en mode majo ! » nous assure une conseillère. En réalité, l'affaire est loin d'être réglée et doit faire l'objet de discussions dès demain, rapportent plusieurs sources.

C'est même plutôt mal embarqué. L'entourage d'Édouard Philippe, qui réunit aussi un bureau politique de son parti à 22 heures (en visio) et doit en tenir un second en fin d'après-midi lundi, prévient déjà sèchement : « Rien ne l'engage tant qu'il n'a pas discuté et donné son accord. » Aux siens, qui expriment leur colère, le Havrais déclare sans esquiver que le président a « mis fin à la majorité de fait » – phrase qu'il répétera à de nombreuses reprises. Alors les discussions s'engagent sur l'éventualité que les candidats Horizons rompent le contrat financier qui les unit aux autres partis de la majorité présidentielle et partent sous leurs propres couleurs.

Rien à voir avec l'humeur de l'autre grand allié, François Bayrou, qui défend avec ardeur le choix d'Emmanuel Macron sur les plateaux. « C'est historique, et ça a beaucoup de sens », risque-t-il sur France 2. Mais les députés MoDem ne sont pas moins chiffons que leurs camarades d'Horizons. Leur président en particulier, Jean-Paul Mattei, « troublé », nous confie juger la décision présidentielle « très précipitée » et craint que le scrutin ne « ramène » encore plus de députés RN dans l'hémicycle.

Au RN, un plan à dérouler

Porte de Saint-Cloud, au cinquième étage du siège parisien du RN, surnommé la « Capitainerie », les chapeaux à plume du parti – à la fois des membres de son « burex », mais aussi quelques cadres appelés par Marine Le Pen – sont réunis dans une ambiance de « joyeux bazar », nous racontera un collaborateur de l'ancienne candidate à la présidentielle un peu plus tard. Et on se gargarise : le parti comptabilise 1 480 nouvelles adhésions depuis 20 heures et l'annonce de sa victoire. Mais les caciques sont aussi au boulot pour se répartir les tâches.

Un député européen nous confirme dans la nuit ce qu'un proche de Marine Le Pen nous a confié il y a quelques jours déjà : voilà des mois que le parti se prépare à une éventuelle dissolution. Un « plan Matignon » concocté par Gilles Pennelle, directeur général du parti, et Philippe Olivier, beau-frère et conseiller de la triple candidate à la présidentielle, aurait même permis de tenir une liste de candidats prêts à entrer en campagne dans un grand nombre de circonscriptions. « On a juste à passer des coups de fil pour vérifier qu'il n'y a pas de désistement », se félicite le premier. Peu avant minuit, Pennelle – un vieux de la vieille, tendance extrême droite identitaire, bien qu'il s'en défende[1], et chargé par Jordan Bardella de l'organisation du parti en 2022 – a réuni en visio les secrétaires départementaux du RN. Objectif : annoncer les investitures de leurs candidats aux législatives « dans les quarante-huit heures », d'après l'un de ces cadres locaux. Ceux-ci devront proposer des noms à la chefferie du parti d'ici lundi à 15 heures.

En réalité, il reste du travail. Il faut, d'abord, compléter la liste des investis. Le parti ambitionne ce coup-ci de présenter un candidat dans chacune des 577 circonscriptions, et tous n'ont évidemment pas été auditionnés en amont, le duo Pennelle-Olivier s'étant focalisé avec la commission des investitures sur « les circos les plus prenables », selon une source interne au fait des préparatifs. Ladite commission se réunira d'ailleurs dans la foulée et jusqu'à 3 h 30 et des poussières. Deux autres urgences sont identifiées : réfléchir aux professions de foi des futurs candidats et aux bulletins de vote qu'il leur faudra acheminer en préfecture en temps et en heure pour être à disposition dans les bureaux le jour J.

Avant que Marine Le Pen ne déclare elle-même, à 1 h 45 devant le siège du RN, qu'il est « nécessaire d'unir tous ceux

1. Clément Guillou et Benjamin Keltz, « Gilles Pennelle, le militant radical devenu chef d'orchestre d'un RN en quête de normalisation », *Le Monde*, 24 août 2023.

qui souhaitent l'après-Macron », annonçant des « discussions dans les jours qui viennent », Pennelle, fraîchement élu au Parlement européen, a aussi glissé à ses troupes une petite phrase tombée dans notre oreille : « On prend contact avec nos alliés. » Qu'a-t-il en tête ? On pense aux zemmouristes. Plus tôt dans la soirée, la tête de liste de Reconquête, Marion Maréchal, tout juste élue elle aussi à l'issue d'une campagne marquée par de profonds désaccords internes sur la ligne à suivre vis-à-vis du RN, s'est dit « prête à rencontrer » Le Pen et sa tête de liste, Jordan Bardella, dans la perspective des législatives. Le tout, sous les yeux écarquillés d'Éric Zemmour, le patron du parti. Entre elle et lui, la rupture, si elle ne l'était pas déjà, est ce soir définitivement consommée. « Zemmour, il est sonné, il se fait putscher en direct », se marre sur WhatsApp un collaborateur LR.

C'était pas le plan

À gauche, où l'on sort à peine d'une campagne fratricide, la nouvelle n'a pas été accueillie avec la même sérénité apparente qu'au RN. À La Bellevilloise, dans le XXe, où a lieu la soirée électorale du PS et de Place publique, Raphaël Glucksmann, sidéré par l'annonce – il a d'abord été alerté par des journalistes, qu'il n'a pas crus –, n'a pas eu le temps de savourer son score mirobolant de 13,6 % des voix, ou presque pas. « On en a profité vingt minutes », ironisera plus tard un proche. La tête de liste encaissera durement le choc. « On a eu l'impression qu'il s'était fait rouler dessus », nous confiera un témoin de la scène.

Il faut dire que ces dernières semaines, Glucksmann a réveillé les espoirs de la gauche « soc-dém » en incarnant la rupture avec Jean-Luc Mélenchon. La campagne a été violente, la gauche s'est déchirée sur fond de guerre à Gaza et d'accusations d'antisémitisme. Les Insoumis s'en sortent certes avec un score honorable (9,4 % des voix), mais « Glucks », qui a été la sensation de la campagne, avait bien l'intention, comme Olivier Faure, le premier secrétaire du PS, de capitaliser sur le score des européennes pour tourner la page de cette union de la gauche dominée par celle, trop violente, trop autoritaire, trop ambiguë à son goût, de La France insoumise. Tout est à refaire.

Il est 20 h 23 et la nouvelle n'est pas encore officielle quand Boris Vallaud, chef de file du groupe PS à l'Assemblée, poste un message dans la boucle WhatsApp des députés : « Prêts pour la campagne ? » Prévenu par le ministre de l'Intérieur en personne, avec qui il a échangé hors antenne sur le plateau de la soirée électorale de TF1, Faure alertera pour de bon les cadres du PS un poil plus tard. « Je suis à côté de Darmanin. Dissolution », écrit-il à 20 h 48 sur une autre boucle interne. Réunis quelques minutes plus tard dans un coin de leur QG bourré de militants, les membres du premier cercle du patron du PS regardent l'allocution du président, penchés sur leur téléphone. « C'était un peu vertigineux », racontera a posteriori un député socialiste. S'ensuivent de nombreux échanges par écrans interposés, auxquels Faure participe depuis sa voiture entre deux studios de télévision. Le maire de Rouen, Nicolas Mayer-Rossignol, qui s'est violemment opposé à lui lors du dernier congrès du PS, est rapidement associé aux discussions stratégiques qui se tiennent sur le toit-terrasse de La Bellevilloise, avec sa déco bohème et sa vue imprenable sur Paris.

L'idée dominante à ce stade autour de Faure : « l'union de la gauche, sans LFI, mais avec les “Insoumis insoumis” » (comprenez : les Insoumis en rupture avec Jean-Luc Mélenchon, dont il sera question plus tard), résume un témoin des échanges. Dit autrement, par un proche de Faure : « Accélérer ce qui était déjà prévu. » Mais voilà : d'autres, anticipant les difficultés à venir, plaident déjà pour une vaste union de la gauche, Insoumis compris.

Glucksmann, lui, répond aux sollicitations médiatiques. Macron n'a pas encore annoncé la dissolution quand il prend la parole, vers 20 h 40, devant ses sympathisants réunis – discours dont seul le début est retransmis en direct par les télévisions. L'eurodéputé dit son souhait de poursuivre ce « nouvel espace politique », fondé sur le « refus des outrances » et des « calomnies ». Cette ligne définie pendant la campagne, il faudra la « tenir » sur « le fond » comme sur « la forme ». Rien de très différent de ce que dira le premier secrétaire, d'ailleurs, qui a plaidé immédiatement pour un « rassemblement utile », en martelant que le « rapport de force » interne à la gauche a « évolué » en faveur des socialistes.

À présent que le président a dissous et que le doute n'est plus permis, on parle à Glucksmann, sur le toit-terrasse, d'une union entre socialistes, Écologistes et communistes. Sans les Insoumis, donc. Toujours sous le choc – « on le sent physiquement », nous raconte un témoin –, il émet des réserves. Comme s'il n'y croyait pas. Il est hors de question, répète-t-il, de repartir avec les mélenchonistes. Ce n'est pourtant pas ce qu'on lui propose… mais « il voit les choses arriver », décryptera plus tard un témoin. En privé, dans cette salle parisienne, « Glucks » dit d'ailleurs franchement les choses : « La bande à Mélenchon, c'est non[1] ! » Il faut dire qu'il n'est pas le seul à douter. À quelques kilomètres de là, à la sortie d'un plateau sur LCI, Boris Vallaud vient de glisser à l'ancien ministre macroniste Clément Beaune : « Vous nous obligez à refaire la Nupes[2]. »

Les Insoumis, eux, ne l'entendent évidemment pas de la même oreille que Glucksmann. Manuel Bompard, qui dirige le parti, se dit « favorable à poursuivre la démarche » de 2022. Le sous-texte est limpide : l'union doit se faire avec eux, et selon leurs termes. À l'époque, Jean-Luc Mélenchon était auréolé d'un score de 21,95 % des voix à la présidentielle, et l'accord de la Nupes, comprenant la répartition des circonscriptions, s'était fait sur la base des scores des différents candidats à l'élection suprême. Les Insoumis ne veulent pas que cela change.

Les Écologistes, qui, aux européennes, ont péniblement franchi la barre des 5 %, ont quant à eux improvisé un conseil politique par écrans interposés juste avant l'annonce de la dissolution ; les discussions ont porté sur les éléments de langage à tenir si leur liste emmenée par l'eurodéputée Marie Toussaint ne dépassait pas le seuil fatidique. Les voilà donc soulagés. Sauf qu'ils abordent cette nouvelle campagne inquiets : « Garder nos députés sortants, ce serait déjà

1. Olivier Pérou, « Nouveau Front populaire : l'histoire secrète », *L'Express*, 15 juin 2024.
2. *Ibid.*

inespéré », nous souffle un Écolo. Alors ils s'interrogent sur la suite : faut-il un accord à trois sans LFI ? Hum. Les Écolos n'ignorent rien des réflexions entamées depuis plusieurs semaines. Mais leurs députés sortants craignent que les Insoumis, plus forts qu'eux ce soir, n'imposent des candidats face à eux dans des circonscriptions où leurs électorats sont sociologiquement proches. Tondelier appellera Faure avant qu'il n'arrive à La Bellevilloise : « Mes députés ne me suivent pas » sur une alliance sans LFI, lui dit-elle en substance.

La cheffe des Verts n'est pas la seule à ne pas avoir envie de suivre ces socialistes qui voudraient partir sans LFI. Ruffin, qui a passé la soirée électorale dans sa circonscription de la Somme, à Amiens, où le RN réalise un « raz-de-marée », comme il dit, a réagi dans la soirée comme l'électron libre qu'il est. Une équipe de France 5, qui le suivait dans sa permanence où étaient réunis quelques sympathisants, l'a filmé au moment où son conseiller Alexis Gales lui annonce la nouvelle et lui indique la ligne à suivre, en quelques mots seulement, comme si la stratégie relevait de l'évidence : « Il y a une proba non négligeable que Macron dise "dissolution" à 20 h 01 », lâche-t-il d'abord à un Ruffin en pleine cogitation, qui jette mécaniquement un œil à sa montre. Le collaborateur poursuit : « Si c'est le cas, c'est l'union… L'union, gagner, et… il va falloir un chef de troupe. » Le député documentariste, sourcils froncés, esquisse alors un très bref et énigmatique sourire en coin. Ne s'agit-il pas, après tout, seulement d'accélérer le plan qu'il envisageait pour la rentrée ?

L'allocution présidentielle passée, les deux hommes échangent cette fois derrière une porte close, quoique Ruffin n'ait pas retiré son micro-cravate. Le ton est plus combatif : « Bon, c'est le Front populaire. Il faut que le mot sorte. C'est plus la Nupes, l'union de la gauche… c'est le Front populaire », lui lance son conseiller. Réponse : « OK, Front populaire, faut dire Front populaire. "J'en appelle au Front populaire." » À 22 h 25, sur BFM TV, Ruffin dégaine, l'air grave. Il lance, depuis Amiens, en duplex extérieur nuit : « Il nous faut une gauche unie. Il faut arrêter les conneries. C'est le seul moyen de faire front au Rassemblement national. J'en appelle dès ce soir à Marine Tondelier, Olivier Faure, Fabien Roussel et Manuel Bompard pour qu'on se range derrière une barrière commune, une barrière Front populaire. On est capables d'un sursaut, il n'y a pas de fatalité. » Les mots sont posés. Et cela n'échappe à personne, d'autant qu'il le tweete dans la foulée : l'appel de Ruffin s'adresse aussi aux Insoumis.

Dans la soirée, les communistes lui emboîteront le pas par la voix de Fabien Roussel, leur chef, qui plaide en faveur d'un « pacte pour la France » : « Je lance l'appel à mes amis, voyons-nous rapidement, travaillons ensemble en mettant les politiques sociales, les salaires, le pouvoir d'achat, la répartition des richesses » en avant. La CGT, elle aussi, quelques heures plus tard, par un communiqué opportun intitulé : « Face à l'extrême droite, le front populaire ! »

Mais de leur côté, certains socialistes n'ont pas encore renoncé à ce stade à jouer leur carte. Qu'importe si la nuit est tombée. Tandis que Ruffin fait route vers Paris, ils se réunissent vers minuit au quartier général de Raphaël Glucksmann, boulevard Saint-Martin, dans le IIIe arrondissement de Paris – sans leur tête de liste. Sont présents notamment : Olivier Faure, Boris Vallaud, le bras droit de Faure et troisième de la liste aux européennes Pierre Jouvet, la maire de Nantes Johanna Rolland, la présidente de la région Occitanie Carole Delga (figure de l'anti-mélenchonisme au parti), les députés Arthur Delaporte et Jérôme Guedj. Mayer-Rossignol et Benoît Payan, le maire de Marseille, eux, suivent à distance. Quand Delaporte défend un accord d'union le plus large possible, Delga rétorque : « Mais tu délires complètement ! » Elle serait prête, elle, à ne partir qu'avec les communistes. Jérôme Guedj, qui a définitivement rompu avec les Insoumis sur la question du conflit israélo-palestinien, ne veut pas non plus entendre parler de LFI.

Parallèlement, les Verts s'activent. À minuit moins le quart, Tondelier invite sur X « tous les chefs de partis progressistes à se réunir » dès le lendemain matin. Et leur nuit à eux aussi est encore loin d'être terminée. Première étape : le QG du PS-Place publique, où Marine Tondelier et l'eurodéputé David Cormand, accompagnés du délégué général du parti, Augustin Augier, débarquent peu avant 1 heure du matin. L'objectif ? Prendre le pouls. C'est là qu'ils constatent, selon l'un des présents, que les socialistes « poussent plutôt pour faire un truc à trois » (PS, PCF et Écologistes) dans un premier temps, histoire, a minima, d'installer « un rapport de force » avec les Insoumis. Deuxième étape, une heure plus tard : le QG de LFI, passage Dubail dans le Xe arrondissement. L'option de constituer un axe à deux – Écolos + LFI, donc, sans les socialistes – est rapidement évoquée, et évacuée. Mais les Insoumis passent surtout un message principal : nous ne nous soumettrons à aucune pression.

Comprenez : les mélenchonistes voient venir le scénario d'une alliance qui se constituerait sans eux et à laquelle on voudrait les contraindre de se rallier. Si c'est ça, « ça se fera sans eux », font-ils comprendre.

Leur chef, Jean-Luc Mélenchon, absent physiquement de tous ces échanges nocturnes, s'est, comme à son habitude, chargé de la com externe du mouvement. Quelques heures plus tôt, il a pris la parole, à deux reprises, et plaidé pour que l'on ressuscite la Nupes. Place Stalingrad, aux environs de 23 h 45, juste devant la Rotonde où son mouvement tenait sa soirée électorale et où sont réunis quelques centaines de ses partisans, l'Insoumis en chef s'est époumoné : « Il ne suffit pas de bêler en cadence "union, union, union". Sur quelles bases ? Pour quoi faire ? » a-t-il brocardé, rappelant qu'un programme commun a déjà été signé il y a deux ans.

À 3 heures du matin, La France insoumise en remet une couche et complète, via un communiqué sur le bien-fondé du programme originel de la Nupes, invitant à fermer « la page des reniements des mesures » et de « l'ambiguïté de certaines composantes » de l'alliance – suivez leur regard (oui, ils visent les socialistes). LFI demande que soient « réaffirmés » 7 points, parmi lesquels, tout en haut de la pile, la retraite à 60 ans – rejetée par Raphaël Glucksmann pendant la campagne des européennes.

LUNDI 10 JUIN

Ainsi font Front

La nuit a été courte pour tout le monde. Mais la journée ne fait que commencer et la Macronie s'apprête à observer les premiers signaux du rebondissement auquel Emmanuel Macron ne s'attendait (vraiment) pas…

Juste avant 8 heures, Faure se retrouve face à Ruffin sur France Inter, qui a organisé une matinale spéciale. Interrogé d'abord seul, le premier secrétaire du PS répète que le score de son parti aux élections européennes a changé la donne à gauche. Mais quelque chose a changé. Il approuve et se réapproprie l'idée évoquée par le député de la Somme. « J'appelle ce matin à ce que nous puissions constituer un Front populaire », lance-t-il, tout en prenant soin de prévenir : « Ça ne fonctionnera pas en étant les supplétifs de qui que ce soit. » Relancé sur la question des Insoumis, il s'explique : « Je ne m'alignerai pas sur ce que dit aujourd'hui Jean-Luc Mélenchon. Il faut faire les choses différemment, construire quelque chose de neuf. » Le risque de voir le RN prendre le pouvoir n'efface pas tous les désaccords, donc, mais oblige à retenter l'union, au moins pour « 10 à 15 mesures prioritaires » d'ici à la présidentielle de 2027, explique le Seine-et-Marnais. Avec ce cri d'alarme : « Il est minuit moins cinq. »

Arrivé à son tour en studio, Ruffin va plus loin et fait… du Ruffin. Les formules sont évidemment travaillées, mais il donne l'impression de parler avec les tripes : « Il ne faut pas faire l'étalage de nos rancœurs, il faut les jeter à la rivière. On pensait avoir trois ans pour trouver un débouché, on a trois semaines. De cette urgence, faisons une chance ! » s'égosille-t-il. Titillé sur ses propres divergences avec Mélenchon, il balaie les interrogations et invoque avec emphase le souvenir de la Résistance : « "Quand les blés sont sous la grêle, fou qui fait le délicat", disait Aragon pendant la Seconde Guerre mondiale » (deux vers de « La Rose et le Réséda », si vous ne l'avez pas). Et d'appeler explicitement les Insoumis à l'union : « On n'a pas de réponse de Manuel Bompard. Que les choses soient claires, les Insoumis sont les bienvenus dans ce Front populaire. »

La folle journée de la gauche

Dernière tentative de ceux qui entendent reprendre le pouvoir sur LFI, une réunion démarre dans la foulée de ces interviews au siège parisien du PS-Place publique. Autour de la table, bien présents, les socialistes (Faure, Jouvet, Rolland, et Sébastien Vincini, président du conseil départemental de Haute-Garonne), les communistes (dont Fabien Roussel), les Écologistes (Tondelier, Cormand, Augier) et Aurore Lalucq, la coprésidente du parti de Raphaël Glucksmann, commencent la rédaction d'un texte d'appel à l'union. Des mots sont posés. Et puis… patatras ! L'absence des mélenchonistes fait bouillonner Marine Tondelier. Impossible pour elle d'avancer dans ce périmètre. Elle le fait savoir et quitte les lieux : « Je ne fais pas un truc contre les Insoumis. Je ne signerai rien qui n'ait pas les quatre signatures ! » Le PCF décampe avec elle.

De son côté, La France insoumise fait savoir, juste avant 10 heures, qu'elle a adressé un courrier réclamant officiellement une réunion à tous les partis de gauche. « Ça part en eau de boudin », s'alarme-t-on désormais dans l'entourage de Faure. Vers 13 heures, c'est le clou du spectacle : Jean-Luc Mélenchon *himself* appuie le projet lancé par Ruffin la veille en pianotant sur X : « Front populaire, enfin ! » Il ne manque pas, cela étant, d'ôter toute paternité de l'idée à l'ambitieux député de la Somme : « Voilà la méthode que je proposais en 2018 et en 2022 », se félicite-t-il.

La suite se joue au siège des Écologistes, rue des Petits-Hôtels, près de la gare du Nord, à Paris. Et non à celui de LFI où avait été scellé l'accord de la Nupes deux ans plus tôt. Tout un symbole, bien sûr, et une façon de montrer que le rapport de force n'est plus le même. L'arrivée s'y fera en ordre dispersé.

Vers 16 heures, la délégation Insoumise, composée des députés Manuel Bompard, Clémence Guetté, Mathilde Panot, Paul Vannier, Aurélie Trouvé, débarque sous l'œil de nombreuses caméras qui font le pied de grue depuis des heures. Les représentants du PCF sont déjà à l'intérieur, alors on s'emballe, mais c'est un hasard : à la fin de la réunion avortée du matin, les communistes étaient venus… débriefer avec les Écolos, et ne sont pas repartis. Membre de Génération.s, le mouvement fondé par l'ancien ministre Benoît Hamon, Ali Rabeh pousse aussi les portes vertes. Cheffe de file des Écologistes à l'Assemblée et élue de l'Isère, Cyrielle Chatelain a sauté dans un train ce matin. Lorsqu'elle arrive au QG parisien, une seule question lui est posée : « Est-ce que le PS vient ? »

Les socialistes vont justement se faire attendre. Mais ont-ils seulement le choix ? L'idée d'une nouvelle union, sous conditions, avec les Insoumis, a largement cheminé au PS, et plus vite que quiconque n'aurait pu l'imaginer la veille au soir (« On s'était tellement mis sur la gueule… ! » se remémorera un cadre du PS auprès de nous). Les socialistes craignent surtout que l'accord ne se conclue finalement sans eux. Reste un point à régler : il s'appelle Raphaël Glucksmann. Il faut « éviter qu'il lâche », nous confie un élu, et donc l'embarquer dans le deal. C'est dans cette optique que le PS et Place publique publient à 18 h 30 un communiqué dans lequel ils affirment que la liste portée par Glucksmann pendant les européennes a « une responsabilité particulière » dans la construction du rassemblement à venir, et que ce dernier ne pourra se constituer que sur un « cap clair ». Parmi les priorités écrites noir sur blanc : « le rejet de la brutalisation du débat public ». Un point qui, sans surprise, « faisait partie des attentes très fermes » de Glucksmann, comme celui, on y reviendra, de la lutte contre l'antisémitisme. Il est alors temps de rejoindre les autres : à 19 heures, Olivier Faure, flanqué de Pierre Jouvet et de Johanna Rolland, débarque rue des Petits-Hôtels.

À 22 h 30, dans un appel commun ouvert à signatures, le Parti socialiste, Place publique, La France insoumise, les Écologistes, le Parti communiste, Génération.s et la Gauche républicaine et socialiste (GRS) revendiquent « la constitution d'un Nouveau Front populaire ». « Dans chaque circonscription, nous voulons soutenir des candidatures uniques dès le premier tour », indique l'appel, sans plus de précisions sur ce point, qui constitue pourtant le nerf de la guerre. L'accord électoral est donc loin d'être ficelé et le programme commun encore à l'état embryonnaire, mais les principes sont posés et rendus publics, histoire que les partenaires n'aient plus d'autre choix que de s'entendre : le « NFP » devra défendre un « programme de rupture » pour « construire une alternative » à Emmanuel Macron et « combattre le projet raciste de l'extrême droite ». À 22 h 45, les quatre chefs de file – Bompard, Tondelier, Faure et Roussel – sont immortalisés à la sortie de leurs discussions. La cheffe des Écologistes, au centre, exténuée et heureuse dans sa veste en coton vert pomme, s'exclame : « On l'a fait ! »

L'appel, parti « un peu vite », comme le soulignera un membre de la direction du PS, est aussitôt perçu comme un accord, et présenté ainsi dans la presse (et par Jean-Luc Mélenchon qui, sur son blog, écrit : « L'accord cadre pour l'union populaire est signé »). Sans surprise, le texte déclenche quelques protestations chez Place publique, le parti de Raphaël Glucksmann. Peu avant minuit, Aurore Lalucq, présente lors des discussions, précise sur X que son paraphe ne représentait en aucune manière « un accord, juste une ouverture de discussions». «On voulait poser des actes de fond avant, et là ça inverse les choses, reconnaît aussi un socialiste. Ça nous met dans la seringue, et ça crée une attente chez les militants.» De fait, ce soir-là, des dizaines de militants sont venus sous les fenêtres du siège Écolo dire leur volonté d'une alliance des gauches. Difficile désormais de faire marche arrière.

Chacun songe déjà, côté PS, qu'il faudra in fine proposer un candidat commun pour Matignon, si l'on veut éviter que Mélenchon, toujours lui, finisse par s'imposer. Aussi, c'est pour tenter de reprendre la main, alors qu'il apparaît marginalisé dans ces premières heures de discussions, que Raphaël Glucksmann débarque avec une idée en tête bien à lui sur le plateau du 20 heures de France 2. Comme Olivier Faure, il déclare refuser de «refaire la Nupes», et prévient qu'il le dira. Mais puisqu'il doit se résoudre à laisser l'union des gauches se reformer, l'eurodéputé veut apporter une solution. Glucksmann tente un coup et avance le nom de Laurent Berger comme Premier ministre possible en cas de victoire. L'ancien patron de la CFDT, avec qui il a échangé dans la journée, lui a donné son feu vert alors qu'il arrivait tout juste en voiture au siège de France Télé[1]. L'annonce ne rencontre dans la soirée qu'un enthousiasme… très modéré. Il faut dire qu'elle n'a pas été coordonnée en amont avec les partenaires, même si au PS certains caciques semblent avoir été mis dans la confidence, comme Boris Vallaud, en qui Glucksmann a confiance. Qu'à cela ne tienne : il est clair que Glucksmann n'a pas topé définitivement et qu'il se

1. *Ibid.*

laisse la possibilité, en fonction de l'évolution des choses, de quitter la table des discussions.

Prémices d'une purge

Pendant ce temps, une autre bataille se prépare, au sein de La France insoumise cette fois. La redistribution des investitures offre une opportunité rêvée à Jean-Luc Mélenchon et ses très proches, à laquelle personne ne songe à cette heure-ci : faire le ménage en interne. « C'est le bordel. Tonton [Mélenchon] veut faire sauter Raquel en donnant sa circo au PCF », nous écrit l'après-midi une source interne, du genre à qui on ne la fait pas. Selon cette dernière, outre la députée sortante de Seine-Saint-Denis Raquel Garrido, le triple candidat à la présidentielle a plusieurs de ses collègues dans le viseur : Alexis Corbière, Danielle Simonnet ou encore Aymeric Caron (ce dernier sera finalement épargné). LFI ne tolère pas les éléments critiques en son sein. Les intéressés ne se doutent encore de rien. Étrangement, les deux candidats à la candidature présidentielle François Ruffin et Clémentine Autain, qui ont eux aussi pris franchement leurs distances depuis 2022, ne figurent pas sur la liste. Est-ce parce que ce serait trop visible ? « L'enjeu pour LFI c'est de tuer la *team* Autain-Ruffin », nous certifie la même source bien informée. De fait, LFI n'investira pas le député sortant des Bouches-du-Rhône Hendrik Davi, un proche d'Autain…

Contactée par nos soins, Raquel Garrido, déjà partie en campagne avant même d'avoir été investie, n'en croit rien… ou tâche-t-elle de se rassurer ? « LFI ne peut pas se permettre d'ouvrir une guerre contre les bases insoumises qui sortent de campagne, ce serait destructeur, du pain bénit pour l'extrême droite », nous écrit-elle.

Retirer Macron du feu

Moins de vingt-quatre heures se sont écoulées depuis l'annonce surprise de la dissolution, ce lundi soir. François Bayrou part dîner à l'Élysée, en compagnie de ses homologues de Renaissance et d'Horizons, Stéphane Séjourné et Édouard Philippe. Il a un souci en tête : « Faire comprendre à Emmanuel Macron qu'il ne faut pas trop qu'il s'investisse » dans les jours à venir, selon un député MoDem sortant. À son désormais ex-groupe parlementaire réuni dans l'après-midi, le Palois, qui reste un confident du président malgré les fâcheries récurrentes depuis sept ans, a parlé sans détour d'une nécessaire « démacronisation » de la campagne.

Mais Emmanuel Macron a bien l'intention d'être visible. Et pas qu'un peu. N'a-t-il pas annoncé dimanche soir à ses ministres qu'il ferait « trois interventions par semaine », comme le révélera *L'Express*[1] ?

De fait, le président n'a pas l'air d'humeur à s'excuser. À Tulle, ce matin, il a retrouvé François Hollande à l'occasion des commémorations du massacre d'Oradour-sur-Glane, survenu il y a quatre-vingts ans. « La situation est grave, ce n'était pas la bonne décision à prendre », lui a lancé

1. Laureline Dupont et Éric Mandonnet, « Emmanuel Macron, son plan de juin », *L'Express,* 11 juin 2024.

son prédécesseur à l'Élysée, scié, dira-t-il, de voir Emmanuel Macron si serein. Réponse sèche – d'aucuns diraient teigneuse – du président en place : « C'est une bonne décision, c'est pour cela que je l'ai prise[1]. »

Saluant amicalement, un peu plus tard, le président (socialiste) du conseil régional de Nouvelle-Aquitaine, Alain Rousset, Emmanuel Macron lui a lancé l'un de ses habituels « Appelle-moi ! » – de ceux qui s'accompagnent généralement d'un clin d'œil, d'une tape dans le dos et d'un air entendu entre hommes qui pourraient faire affaire. Rousset, qui, depuis 2017, s'est souvent fait caresser dans le sens du poil sans jamais recevoir de proposition concrète, s'esclaffe cette fois-ci : « J'avais parié avec mes collaborateurs que t'allais me dire ça ! » Pour un peu, on dirait que la parole présidentielle n'inspire déjà plus le même respect…

Un fidèle parmi les fidèles d'Emmanuel Macron, parti dans le privé en 2022, est lui aussi ce soir à l'Élysée, où les réunions se sont multipliées toute la journée : Julien Denormandie. L'ancien ministre de l'Agriculture fait partie des rares à dire franchement les choses au chef de l'État. Les yeux dans les yeux, il lui parle de la « haine » qu'il suscite chez une partie des Français, lors d'une réunion à laquelle ne participent que de discrets fidèles, dont David Amiel, ex-conseiller et député sortant de Paris et Richard Ferrand, l'ancien président de l'Assemblée. Mais les conseillers en communication du président présents – Jonathan Guémas, l'officiel, et son acolyte, Clément Léonarduzzi, désormais

1. Solenn de Royer, « Emmanuel Macron, qui a déclenché cette dissolution pour piéger les partis, s'est piégé lui-même », *Le Monde,* 14 juin 2024.

vice-président de Publicis, revenu prêter main-forte le temps de la campagne – tiennent à rassurer leur patron : « Les Français continuent d'attendre la parole présidentielle... », plaident-ils en substance.

Sur le fond, Amiel, comme Ferrand et Denormandie, plaide pour une inflexion programmatique à gauche, notamment en matière fiscale, histoire de « donner des gages » aux électeurs macronistes partis chez Raphaël Glucksmann pendant les européennes. « On pourrait booster ce qu'on est train de faire sur la taxation des rentes... », propose-t-il, en référence à un travail en cours à l'Assemblée et en dépit de l'aversion du président de la République pour ce terme (la proposition ne rencontrera d'ailleurs aucun succès).

Bayrou, Philippe et Denormandie ne sont pas les seuls à voir le président comme un repoussoir. Les députés candidats de leur côté n'attendent rien de la parole présidentielle et s'affairent dans leur circonscription – les plus habitués ont déjà rendez-vous avec leur imprimeur, ce lundi. Moins on voit Macron, moins on obère les chances des macronistes de rejoindre l'Assemblée nationale, pensent-ils. « Y aura pas la gueule de Macron sur mes affiches, j'te l'dis tout de suite ! » nous lance l'un d'entre eux au téléphone. « Plus il parle, plus on perd des points », abonde l'entourage de Sylvain Maillard, le futur ex-président du groupe Renaissance. À la réunion de « coordination » des chefs de la majorité à l'Élysée, qui a lieu aujourd'hui, comme tous les lundis, Maillard ose même demander à Alexis Kohler, le secrétaire général du Palais, que le « PR » (le président, dans le jargon) « fasse vraiment profil bas ». Il réclame en sus « que Gabriel Attal "leade" la campagne ».

Il en faudra plus pour convaincre le président de se mettre en retrait. Au mitan de la nuit, l'Élysée confirme qu'Emmanuel Macron entend donner mardi après-midi une conférence de presse pour, disent-ils, présenter l'« orientation » qu'il entend donner au pays.

Avis de recherche

S'il est très attendu, le Premier ministre, lui, est porté disparu. Nul signe de vie n'émane de la rue de Varenne depuis l'annonce des résultats. Au point que certains l'imaginent prostré sous sa couette… C'est plus compliqué que ça.

Encore sonné par l'annonce de la veille, il s'interroge : doit-il, peut-il rester à la tête du gouvernement dans ces conditions ? Faut-il endosser le rôle de chef de campagne lorsqu'on est presque condamné à la perdre ? La décision du président de la République est d'autant plus dure à accepter que, pas plus tard qu'il y a onze jours, le 31 mai, il l'a vu en tête à tête. Attal avait dit au président qu'il réfléchissait à des « manœuvres post-européennes », selon l'un de ses proches, et qu'il souhaitait lui en faire part. Ce jour-là, la note de la France venait d'être dégradée par l'agence Standard and Poor's, accentuant la pression sur l'exécutif pour redresser les comptes du pays. Mais le Premier ministre a justement essayé de convaincre Emmanuel Macron qu'une motion de censure sur le budget, à l'automne, n'était pas inévitable, contrairement à l'idée communément admise. Lui et son équipe avaient étudié le problème : il leur semblait même possible de le faire adopter par un vote, sans en passer par l'article 49.3 (qui permet de contourner le vote des députés). Attal était même venu avec quelques arguments dans sa besace, comme le fait qu'il avait consulté un certain nombre de cadres des Républicains, qui lui auraient garanti qu'ils ne voteraient pas une éventuelle motion de censure, nous rapportera l'entourage du Premier ministre. À aucun moment, ce jour-là Emmanuel Macron n'évoque la possibilité de dissoudre l'Assemblée au soir des européennes. Il en tire la conviction, en revanche, que Gabriel Attal y serait très, très fermement opposé. Un point sur lequel il ne se trompe pas.

Il ne lui faudra pourtant que quelques heures pour reprendre du poil de la bête. Et pas qu'un peu. Tout bien réfléchi, le chef du gouvernement ne se voit pas quittant le navire dans la tempête, il affaiblirait encore davantage un camp présidentiel déjà donné mort et enterré. Et c'est l'occasion de se montrer courageux. Voilà donc le Premier ministre qui pointe sa mèche brune au QG de campagne – le siège du parti, rue du Rocher, dans le VIIIe arrondissement –, prenant soin d'y entrer par le portail plus discret de la rue d'Édimbourg, pour éviter les regards. Il y passera une bonne partie de la journée. « Il se joue de la presse », nous souffle déjà une source sur place. Autour de lui, les réunions s'enchaînent. « Ça carbure chez le PM », nous certifie dans l'après-midi un conseiller bien informé, sans savoir que les réunions ne se tiennent pas à Matignon.

Autour d'Attal, notamment : Maxime Cordier (prochissime conseiller spécial, dont on dit déjà qu'il rejoindra la coordination de la campagne express qui démarre), Antoine Lesieur (l'un des trois autres « Power Rangers » du chef du gouvernement), deux autres de ses conseillers techniques

(Antoine Pavamani et Rayan Nezzar, respectivement chargés de superviser le travail de « ligne à ligne » sur les circonscriptions et de préparer un programme à la hâte). Stéphane Séjourné, ancien compagnon d'Attal, secrétaire général de Renaissance, est là également, évidemment. Il entend bien lui aussi que le PM prenne le « lead » sur la campagne une fois qu'Emmanuel Macron aura donné sa conférence de presse. Il le glisse d'ailleurs à quelques-uns, pour les rassurer. À 14 h 30, il a réuni les équipes salariées du QG, à qui il a certifié que les macronistes « peuvent augmenter leur nombre de députés », nous rapporte une petite main, pour le moins sceptique.

Pendant que l'Élysée bat le rappel auprès des députés qui rechignent à repartir, la bande s'attaque au passage en revue des circonscriptions, une par une. Il n'y a pas de temps à perdre, si l'on veut sauver les meubles. Avec certains anciens candidats, comme ceux, battus en 2022, qu'on rappelle pour « y aller », il faudra se montrer convaincants. L'ancien ministre du Travail et député sortant Olivier Dussopt, qui a très vite fait savoir à Emmanuel Macron, dont il est proche, qu'il ne rempilerait pas dans sa circonscription ardéchoise, se met au service des candidats Renaissance avec une « hotline » improvisée, en s'appuyant sur la boucle WhatsApp du groupe. Avec la secrétaire générale, Deborah de Lieme, ils réconfortent et conseillent ceux qui espéraient une avance de leurs frais et ne l'ont pas obtenue – le parti est à sec, après les européennes –, ou encore ceux qui doivent gérer des retards de paiement avec leurs prestataires. Ils « prévalident » des bulletins de vote ou des professions de foi – en temps normal, les candidats ont plusieurs semaines pour se familiariser ou se refamiliariser avec le code électoral, grâce à un mémento du ministère de l'Intérieur. Ils soutiennent ceux qui, d'ici au 17 juin, devront avoir licencié leurs collaborateurs, en pleine campagne, ce qui n'est pas l'habitude non plus.

Certains devront, en vingt-quatre heures ou à peu près, contracter un prêt de plusieurs milliers d'euros, quitter provisoirement leur travail… tout ça pour quoi ? Nombreux sont les sortants qui n'ont pas envie d'y retourner. Réunis en visio, aujourd'hui, par leur ancien président Marc Fesneau – qui lui-même va devoir mener une campagne difficile dans le Loir-et-Cher –, les députés du MoDem ont vidé leur sac : Élodie Jacquier-Laforge, élue dans l'Isère, était « en larmes », nous rapporte un participant. Philippe Bolo, député du Maine-et-Loire, était trop abattu pour vouloir y retourner (il tentera finalement sa chance, en vain). « Il n'y a plus de conducteur dans le train, on ne sait pas où le train va ! » s'est-on exclamé.

Pendant ce temps-là, en « back-office », comme ils disent, la garde rapprochée attalienne cogite aussi avec lui sur sa stratégie de campagne : « Le risque est qu'on soit pris en tenaille entre le RN et LFI et totalement effacés, qu'on n'arrive pas à incarner quelque chose, face notamment à un Bardella très fortement identifié », nous confiera l'un de ses membres. Alors Attal énonce les trois mots-clés qui résumeront sa tactique : « dramatisation, personnalisation et tripolarisation ». L'objectif, reformulé par le même proche : « Rappeler qu'il y a trois choix, et pas deux. » Comprenez : trois choix de Premiers ministres. Car l'encore locataire de Matignon a bien l'intention de se positionner en alternative à Jordan Bardella et à… Jean-Luc Mélenchon, qu'il présentera bien vite comme le candidat naturel du NFP, malgré les dénégations des alliés. Il décide qu'il fera un déplacement par jour, ou presque, pour galvaniser les candidats de la majorité et contourner le « piège de la disparition », comme il le dit.

À 18 h 45, ce lundi soir, Gabriel Attal se rend à l'Élysée pour y voir Emmanuel Macron en tête à tête. Il lui dit solennellement qu'il portera la campagne. C'est là, et pas plus tard devant les barons de la majorité, qu'il lui demandera aussi de se mettre en retrait. Car le Premier ministre a un principe, dit-il : ne jamais contredire le président en public. Seuls les amis peuvent se le permettre, diraient les mauvaises langues…

Ciotti noie le poisson

Dans le genre coi, il y a aussi le président des Républicains, Éric Ciotti. Car il n'a échappé à personne que dans la 1re circonscription de ses Alpes-Maritimes natales, LR s'est classé cinquième (!) aux européennes, loin derrière le RN qui culmine à 37 % des voix. De l'avis général, l'éternel aspirant à la mairie de Nice aurait bien besoin de nouer de nouvelles alliances pour l'emporter chez lui aux législatives.

Bougon, Ciotti a consenti à se rendre ce lundi en fin d'après-midi au Sénat, où Gérard Larcher – à qui il reproche d'avoir laissé penser, aux prémices de la campagne, qu'il pourrait faire affaire avec Emmanuel Macron – reçoit les chapeaux à plume du parti dans son bureau. Sont notamment présents les chefs de groupes parlementaires, Bruno Retailleau et Olivier Marleix, et la secrétaire générale du parti, Annie Genevard. Ensemble ils actent une « ligne d'autonomie, d'indépendance ». Comprendre : ni accord avec le camp présidentiel, ni avec le RN.

Mais aucune communication n'officialise cette ligne dans la soirée, alors qu'Éric Ciotti a trouvé le temps pour fustiger sur X le début d'accord des gauches : « Cette coalition est un danger pour la France. » Alors le doute assaille certains participants à la réunion, qui l'ont trouvé nerveux, absent.

Ce matin déjà, lors de leur échange en visio, plusieurs députés LR avaient jugé leur patron « pas clair » vis-à-vis du parti à la flamme. « J'ai plutôt compris que pour lui la stratégie était l'union des droites », nous rapporte Julien Dive, perplexe. Raphaël Schellenberger estime lui aussi que Ciotti a « installé un doute ». Le groupe réclame une réunion dans deux jours pour « avoir plus de clarté dans les intentions du parti », nous précise un proche de l'élu du Lot Aurélien Pradié, ardent défenseur du « ni-ni » (ni Macron ni Le Pen).

Même la propre équipe de Ciotti ressent comme un flottement, quoiqu'elle reste parfaitement silencieuse. Hier soir, quand il était dans les locaux de TF1, un journaliste a parlé de dissolution à Benjamin Millo, son conseiller presse, qui a aussitôt transmis l'info à son patron. « Je n'y crois pas », a répondu le président des Républicains. Millo lui conseille alors d'appeler Gérard Larcher, qui lui confirme la nouvelle : « Je viens d'avoir Emmanuel Macron… » Croisant quelques instants plus tard le député RN Sébastien Chenu, un proche de Marine Le Pen, Ciotti le salue, alors qu'il reste au contraire distant avec Gérald Darmanin, présent lui aussi. En plateau, il commente les résultats en cognant sur le chef de l'État, laissant son staff en conclure – logique imparable – qu'il n'a pas dans l'idée de passer un deal avec lui. De retour de TF1, il met encore la puce à l'oreille de ses collaborateurs en prenant congé d'eux pendant près de trois quarts d'heure, s'isolant dans son bureau de la Questure à l'Assemblée pour on ne sait quelles raisons.

Si beaucoup refusent d'y croire, aucune de nos sources n'est en mesure de nous certifier qu'Éric Ciotti n'a pas eu de contact avec Marine Le Pen ou Jordan Bardella. Or la première a juré sur TF1 ce soir être « capable » de ne pas présenter de candidats face à des LR ; le second, poursuivi par une meute de journalistes, a assuré à la sortie d'une réunion au siège du RN qu'il avait des « discussions avec des cadres des Républicains ». Dans la soirée, un responsable LR tente de se rassurer : « C'est le jeu du RN de nous déstabiliser, de faire croire qu'on prépare quelque chose avec eux… »

Voilà Maréchal

Pas de faux-semblants du côté de Reconquête, en tout cas. Marion Maréchal a rencontré le couple dirigeant du parti lepéniste cet après-midi, à grand renfort de caméras à la sortie du rendez-vous. Si elle cherche à nouer une alliance en bonne et due forme, c'est un deal avec certains représentants de la formation zemmouriste qui est réellement envisagé, d'après nos infos. Depuis quelques mois, plusieurs poids lourds du RN laissaient en effet entendre qu'au moins deux figures de Reconquête seraient acceptées en leurs rangs. À savoir : Marion Maréchal et Stanislas Rigault (sixième de la liste aux européennes), tous deux jugés non coupables d'agression verbale envers le RN pendant la campagne des européennes.

Pris de court par l'initiative de leur tête de liste, les proches de Zemmour tentent de garder la face : « Il est très favorable au principe du rassemblement pour la victoire », nous textotera dans la nuit l'un d'entre eux. Qui, l'après-midi même, ne cachait pas son dépit : « C'est pas la grande fête… »

Vingt-quatre heures ont passé depuis l'annonce de la dissolution. Tous ont les yeux rivés sur les partis de gauche, qui semblent décidés à prendre en main leur destin, mais c'est à droite que la tectonique des plaques s'apprête à faire son œuvre…

MARDI 11 JUIN

Le Niçois qui mal y pense

Depuis qu'ils ont su, ce matin, ce que tramait leur patron, les collaborateurs d'Éric Ciotti ne cessent de se refaire le film. Hier soir, alors qu'ils avaient quelques doutes, il les a consultés, au siège du parti, sans révéler ses intentions. Il faisait plutôt mine d'exposer les différents scénarios qui s'offraient à lui. À son conseiller en communication, Benjamin Millo, qui lui demandait, dans le secret de son bureau, s'il avait bien enterré l'idée d'une alliance avec Macron, le président des Républicains a répondu avoir tenté de le faire à de multiples reprises et ne plus y croire. Quand le même lui suggère alors de faire alliance avec Édouard Philippe, il s'entend répondre : « Oui, mais il y a Christian Estrosi. » Nul besoin d'en dire plus. Le maire de Nice, numéro 2 d'Horizons, est son ennemi juré. À son directeur de cabinet, qu'il voit aussi en tête à tête, il dit ne pas savoir quoi faire. Et confirme avoir fait ses calculs, après avoir constaté les résultats de LR aux européennes dans sa circonscription : « Cette fois, Zemmour va me mettre quelqu'un, ça passe pas. »

Ce matin, au même endroit, il a fini par leur annoncer sa décision, leur précisant que Marine Le Pen lui offre le soutien du RN dans 60 circonscriptions dites « de conquête », en plus des sortants LR qui le suivraient et qu'elle s'engage à soutenir. À ce moment-là, il prévoit encore de l'annoncer au 20 heures de TF1, ce soir, mais il se tâte à accélérer. Rapidement, il décide d'aller plutôt au JT de la mi-journée. Ne désespérant pas de dissuader son patron d'aller au bout de ce plan qu'ils jugent funeste, un membre de son équipe fait alors fuiter l'info au *Figaro*. D'autres, à l'inverse, sont tentés de le suivre et de se lancer : Bartolomé Lenoir, chargé du « média » des Républicains, ainsi que Maxime Michelet, Gaëtan Inard et Quentin Kermen, son jeune chef de cab (ce dernier, qui vise une circonscription en Vendée, n'ira finalement pas).

Plusieurs autres sont consternés.

Au cours de la journée, ils seront tout de même trois collaborateurs à lui remettre officiellement leur lettre de démission : le directeur des études et son adjoint, Aurélien Caron et Kevin Brookes – deux intellos, l'un énarque, chargé de « mener la bataille idéologique » pour le parti depuis son arrivée fin 2023, l'autre expert du libéralisme économique –, ainsi qu'une conseillère technique, Caroline Gentilhomme. Ce sera aussi, sous peu, le cas de Benjamin Millo.

Depuis que *Le Figaro* a publié son alerte, sur les coups de 10 heures, les ténors de la droite n'ont cessé d'essayer de joindre Ciotti. Il n'a répondu à personne, pas même à son ami François Baroin. Le seul à lui avoir parlé, c'est Laurent Wauquiez – celui qui l'a aidé à accéder à la tête du parti contre la promesse, jamais vraiment tenue, d'un soutien à sa candidature à la présidentielle –, qui tâchera en vain de le décourager sur les coups de 11 h 30. Il vient alors de réunir à nouveau les membres de son cabinet dans son bureau de la Questure à l'Assemblée : « Si vous voulez être députés, c'est maintenant ou jamais ! » leur a-t-il lancé.

De retour au siège du parti place du Palais-Bourbon, à quelques pas de là, il discute à nouveau avec son conseiller en communication et son dircab, Karl Astié, qui ne parviennent pas à lui faire entendre raison. « Je voyais dans son regard que rien ne pouvait l'arrêter », nous confiera l'un d'eux plus tard.

De fait, il est déterminé. Et pas tout à fait seul. Lundi, c'est à Marine Le Pen que Ciotti a parlé plusieurs fois au téléphone. Il est aussi allé peaufiner son plan dans le bureau de Vincent Bolloré, boulevard de Montmorency, dans le XVIe arrondissement, apprendra-t-on dans les colonnes du *Monde*. Ce n'est plus un secret depuis longtemps : le milliardaire, avec qui il échange régulièrement, est un fervent défenseur de l'union des droites.

Un temps considéré comme son plus fidèle conseiller et son « couteau suisse », Antoine de Chemellier était en froid avec son ancien patron depuis que celui-ci l'avait viré sans ménagement en 2022. Recasé depuis au Palais du Luxembourg, il avait refusé de le rejoindre au parti un an plus tard – il nous expliquera a posteriori que Chemellier (que certains proches de Ciotti présentent comme son « mauvais génie ») plaide pour un rassemblement de la droite « d'Édouard Philippe à Jordan Bardella ».

Ces derniers jours, les deux hommes ont vraiment repris langue. Il glisse ce matin au président de LR quelques « éléments de langage », comme on dit, avant sa grande interview. « Il faut une alliance avec le Rassemblement national, avec ses candidats ; une alliance à droite avec tous ceux qui se retrouvent dans des idées de droite, dans des valeurs de droite », énonce enfin à 13 heures et des poussières le député des Alpes-Maritimes, le souffle légèrement court face à la présentatrice Marie-Sophie Lacarrau.

Le choc est d'autant plus rude dans le parti que le président des Républicains a pris soin de mettre le moins de monde possible dans la confidence, sachant pertinemment que les ténors l'obligeraient, a minima, à consulter son bureau politique. Ciotti est resté si secret qu'il a pris le risque de ne pas s'assurer du soutien des 30 députés ou anciens députés dont il se croit sûr, parmi lesquels Maxime Minot ou Julien Aubert – un excès de prudence qu'il paiera par la suite. Son propre chauffeur a été prié de couper son portable par mesure de sécurité[1].

Dans la foulée de son interview, alors qu'une figure de CNews, le présentateur Pascal Praud, appelle différentes personnalités du parti pour leur dire, en substance : « Vous ne pouvez pas ne pas faire l'union des droites, c'est ça où l'extrême gauche ! », Ciotti remonte dans sa voiture et déclare, soulagé, à son conseiller com : « Je trouve que j'ai été vraiment bon. » Manifestement pas du même avis, l'un de ses prédécesseurs à la tête du parti, l'Antibois Jean Leonetti – pourtant pas réputé pour être un méchant – l'appelle alors et lui « passe un savon », nous rapportera-t-on.

Bien sûr, Éric Ciotti n'a jamais été de la tendance « droite molle », comme on dit (en tout cas au sein de la droite dure).

1. Solenn de Royer et Alexandre Pedro, « Ces deux jours où Éric Ciotti a fait imploser la droite », *Le Monde*, 12 juin 2024.

Bien sûr, il est implanté dans un département où l'extrême droite est arrivée largement en tête aux européennes. N'empêche qu'en interne, il a toujours été perçu comme un fin politique. Et personne n'avait imaginé ça : « Ciotti, c'est un brutal, mais c'est un pur produit du RPR. Psychologiquement, il s'est construit contre le RN, il a été de tous les cordons sanitaires. C'est un apparatchik, et normalement les apparatchiks ne changent pas de crémerie », commentera a posteriori un stratège du parti, convaincu que ce n'est que la peur de perdre dans sa propre circonscription qui a aiguillé le choix du Maralpin. « Il en avait marre de devoir rendre des comptes à tout le monde, de donner des gages. C'est pas un chef de meute, c'est un loup solitaire. Gérer des hommes, ça l'emmerde… », ajoutera pour sa part l'un des membres de son ex-équipe.

Wauquiez prend les rênes

Les autres cadors des Républicains, eux, s'affairent sans tarder, avec Laurent Wauquiez à la manœuvre. Le président de la région Auvergne-Rhône-Alpes, qui s'est déclaré candidat aux législatives le matin même dans une petite vidéo postée sur X, devant le clocher d'une église de son fief de Haute-Loire, « a pris la main sur le bordel », nous assure en termes choisis une source interne. L'ambitieux Wauquiez veut empêcher la fuite de cadres vers le RN en éjectant le traître au plus vite.

Quelques heures seulement après le passage sur TF1 de Ciotti, il anime une réunion en visio avec certains chefs à plume du parti, notamment le sénateur Bruno Retailleau, le chef de file des députés Olivier Marleix, ou encore la tête de liste du parti aux européennes François-Xavier Bellamy, tous opposés au choix de Ciotti. Les députés sortants seront parallèlement appelés un par un.

Combien sont-ils à vouloir suivre Ciotti ? En confirmant l'alliance avec le Niçois, Jordan Bardella assurera ce soir sans trop s'avancer – quoique – que « plusieurs dizaines » de candidats seront soutenus par le RN. Les Républicains opposés à l'accord pensent que les députés sortants prêts à emboîter le pas à Ciotti sont moins d'une dizaine, selon plusieurs sources. « Cinq ou six », nous glisse-t-on, ajoutant plein d'espoir que le président de LR « n'a pas mesuré la levée de boucliers » que provoquerait sa décision en interne.

Dès le matin, Retailleau, qui réunissait son groupe au Sénat comme chaque mardi et avait été alerté des intentions de Ciotti par *Le Figaro*, a sondé les sénateurs Les Républicains. Une fois n'est pas coutume, il a même organisé un vote. À l'unanimité, les élus de la chambre haute se sont dits défavorables à la décision du président du parti. Certes, la tentation RN est plus rare chez les sénateurs que les députés (les premiers ne sont pas élus au suffrage direct), mais comme pour Retailleau à titre personnel, la motivation est pour eux avant tout stratégique : pas question de se diluer dans le RN.

Le parti peut-il donc tenir ? Quelques questions techniques se posent déjà : ceux qui soutiendront l'alliance LR/RN pourront-ils bénéficier de l'étiquette LR ? L'entourage de Wauquiez prétend que Ciotti « a passé un accord qu'il n'est pas capable de faire respecter », n'ayant « aucun pouvoir pour distribuer les investitures ». Pourtant élue du Cannet, dans les Alpes-Maritimes, la présidente de la commission nationale d'investiture (CNI), la députée Michèle Tabarot, dénonce en effet elle aussi la décision de son patron. On respire à LR. Mais à 23 h 57 exactement, ce mardi, l'intéressée, qui s'est mise au travail dès dimanche soir pour dresser la liste des investitures pour les élections, recevra un mail d'Éric Ciotti l'informant tout de go qu'il la démet de ses fonctions.

Dans l'après-midi, Marion Maréchal annonce de son côté par communiqué que ses propres négociations avec le RN ont capoté. « Alors que nous étions sur le point de finaliser un accord [...] Jordan Bardella m'a informée cet après-midi d'un changement de position et du refus du RN du principe même d'un accord », déclare l'eurodéputé Reconquête, déplorant une « décision soudaine et contradictoire ». En réalité, les dirigeants du RN, enchantés d'être parvenus à toper avec le président des Républicains, refusent surtout toute « association directe ou indirecte avec Éric Zemmour », précise Maréchal elle-même.

Capitaines de canots de sauvetages

Présent à la réunion hebdomadaire des députés Renaissance ce matin, Gabriel Attal a pris pour de bon l'ascendant sur la campagne de la majorité sortante, au plan pratique comme au plan symbolique. Dénonçant sans complexe « une décision soudaine et brutale pour les députés et les collaborateurs », il a tâché de remonter le moral des députés, à qui il dit avoir volontairement réservé ses « premiers mots » : « La messe n'est pas encore dite. La Nupes a montré un spectacle révoltant et les socialistes n'ont pas attendu vingt-quatre heures pour aller à la soupe… »

Plusieurs personnalités du groupe lui ont exprimé leur soutien en retour : « On a besoin du PM sur cette campagne, les gens veulent Gabriel », a lancé l'ancienne ministre Nadia Hai. « On a besoin que le Premier ministre soit sur les affiches », abondait Jean-Luc Fugit, fan lui aussi. Certains, dont l'ex-LR Éric Woerth, ont réclamé que le parti fournisse plus d'éléments de langage « structurés » et un accompagnement financier aux candidats (ils pressentent que ce sera difficile). « Le parti doit être au rendez-vous ! » a même appuyé Frédéric Descrozaille.

Les poids lourds de la Macronie, qui reprennent progressivement leurs esprits, tâchent eux aussi de poser les bases de leur campagne. Déjà, plusieurs ministres issus de la droite ont réagi au ralliement d'Éric Ciotti au RN dans une tribune au *Figaro*[1], où ils appellent à la constitution d'un « front républicain » face à l'extrême droite. Ce soir, au 20 heures de TF1, Gabriel Attal quant à lui officialise face caméra qu'il sera, comme chef de la majorité, celui qui mène cette campagne.

Le bureau exécutif de Renaissance, réuni au même moment, attend la prise de parole de Macron – finalement repoussée au lendemain – pour procéder à des investitures massives. Il se contentera donc d'une première liste de

1. « Darmanin, Le Maire, Vautrin, Dati… : l'appel des ministres de l'aile droite du gouvernement à un front républicain », *Le Figaro*, 11 juin 2024.

157 noms, pour la plupart des sortants, dont la candidature tombe sous le sens. L'idée : « se laisser du temps » pour « ne pas fermer de portes à des gens qui voudraient travailler avec [les macronistes] », explique l'un des membres du « burex ».

Il faut dire qu'un premier sondage, réalisé par Harris Interactive, est tombé lundi soir. Et ce n'est pas beau à voir : le RN pourrait doubler son score réalisé en 2022, selon l'institut, qui anticipe un résultat de... 34 % pour le parti à la flamme au niveau national au premier tour. Une éventuelle union entre les partis de gauche recueillerait les suffrages de 22 % des Français, tandis que la majorité se tasserait, à 19 % des voix.

Au MoDem, les prévisions maison sont encore plus sombres. Le « logiciel » du parti, qui permet d'agréger des données et analyse de façon affinée la carte électorale, donne des projections à « une quinzaine d'élus » pour le parti centriste – qui compte 48 sortants – et moins de 100 pour la coalition macroniste, qui, pour mémoire, comptait 245 membres depuis 2022. Un naufrage.

Au siège de Renaissance, l'ambiance n'est pas bien sereine. La soirée sera marquée par un petit incident entre Stéphane Séjourné et Gabriel Attal, symbole de la reprise en main de la campagne par l'entourage du Premier ministre. Déjà alerté à plusieurs reprises sur le sujet par les siens, le patron du parti a découvert en pleine réunion le tweet d'un journaliste de LCI écrivant que le chef de cabinet de Gabriel Attal, Maxime Cordier, « quitte Matignon pour coordonner la campagne de la majorité ». « Qu'est-ce que c'est que cette connerie ? Comment tu veux que je ne passe pas pour un con avec ça ? » s'est-il emporté, montrant son écran au

Premier ministre, qui prétend n'y être pour rien. Si Cordier est déjà dans les locaux depuis la veille, Séjourné digère mal qu'on officialise la nouvelle sans en passer par lui.

Le Havrais dire

Attendu sur RTL, ce matin, et sur BFM TV, ce soir, Édouard Philippe, que d'aucuns voient comme l'une des principales victimes collatérales de la dissolution, doit enfin sortir de sa réserve. Du côté de Renaissance, la prise de parole est redoutée. On pense que l'ancien Premier ministre, déjà piquant pendant la campagne des européennes, peut, ce coup-ci, rompre pour de bon. On se rassurera en entendant ses premiers mots, soupesés – « Je me suis dit qu'on entrait dans une phase compliquée et déterminante pour le pays… » S'il a considéré dès dimanche soir qu'une page se tournait, Philippe tient encore, manifestement, à se montrer solidaire du bloc central. « C'est le moment de la liberté retrouvée, pas de la rupture », nous explique l'un de ses proches quelques heures plus tard, avant de préciser, l'air de dire que ses fans ne perdent rien pour attendre : « Édouard, il règle sa mire, c'est un artilleur. »

À y regarder de plus près, le Havrais tirera en effet quelques balles. La première : Philippe explique qu'il faut « construire une nouvelle majorité » parlementaire. Il le redira le soir sur BFM TV : « La solution n'est pas dans la reconduction de l'architecture de la majorité telle qu'elle a été conçue précédemment. » Insistant sur le fait qu'il « dira les choses » plus franchement après la campagne concernant le choix du président de dissoudre, l'ancien PM tend la main aux LR pour la suite, tout comme à « la gauche sociale-démocrate » – il a d'ailleurs eu Raphaël Glucksmann au téléphone, ce mardi. Deuxième balle : décidément un peu plus remonté sur le plateau de la chaîne d'info – mais parlant tout de même à coups de phrases à tiroirs et d'euphémismes, en bon juppéiste – Philippe juge « pas complètement sain que le président de la République fasse une campagne législative, pour une raison claire, qui est qu'il est président de la République », avant d'appeler Emmanuel Macron à être « totalement, complètement, sereinement » et même « très » président de la République. Voilà qui est malgré tout énoncé clairement.

Ravi, le chef de file des députés philippistes, Laurent Marcangeli, joint par téléphone, se félicite de son côté que son parti ait fait le choix de l'indépendance pour la campagne, bien que les experts de la carte électorale jugent son groupe en danger de mort (il ne compte que 31 députés sortants, il en faut 15 pour former un groupe à l'Assemblée). « Cette majorité n'existe plus, il sera nécessaire d'élargir », justifie-t-il. Avant de se ragaillardir : « Mon chef de file s'appelle Édouard Philippe. »

En coulisses, les proches du presque candidat à la présidentielle de 2027, inquiets pour leur poulain, ne décolèrent pas contre le président et son entourage. « Ils jouent avec quelque chose qui les dépasse. On est consternés », nous confie l'un de ses amis, presque à court de mots.

Pour mener cette bataille, le maire du Havre devrait-il se présenter lui-même aux législatives ? Élu, il se retrouverait à nouveau dans le chaudron politique, où l'on imagine déjà se côtoyer les ambitieux Gabriel Attal, Gérald Darmanin ou Laurent Wauquiez. Certains, dans son entourage, l'y encouragent, comme Marcangeli, son dircab au Havre Mohamed Hamrouni, ou l'ancien député Thomas Mesnier. Ceux-là craignent qu'il ne se marginalise trop dans sa mairie. Mais lui ne le souhaite pas. Motif avancé par l'un de ses proches : l'ex-Premier ministre préfère « se démultiplier sur les circos et sur les plateaux » plutôt que d'être « fixé » dans sa circonscription pendant la campagne. Son choix sera, confie son plus proche conseiller, Charles Hufnagel, « la meilleure réponse » à apporter à ceux qui pensent avoir « déréglé [sa] mise à feu ». Le même, rappelant que l'ex-PM ne garde pas un souvenir impérissable de son expérience comme député (entre 2012 et 2017), ajoute : « Ça l'emmerdait, il n'aime pas cette mêlée-là, elle l'empêche de penser. » Et d'ajouter : « Il croit dans son récit, il croit que tout repartira du Havre... »

Où séjourner ?

Si le patron d'Horizons ne candidate pas, celui de Renaissance a des fourmis dans les jambes. Stéphane Séjourné, qui cumule son job avec celui de ministre des Affaires étrangères, s'attelle à se dégoter une circonscription où être candidat le 30 juin. « Je prendrai mes responsabilités », a-t-il déclaré sur France Inter hier.

En fait de « responsabilités », le chef du parti présidentiel a dans le viseur, dès dimanche, une circonscription imperdable : la 2e de Paris, qui a voté à plus de... 63 % au premier tour pour la majorité présidentielle aux législatives de 2022.

Mais voilà, Gilles Le Gendre, le député sortant, compte s'y représenter. Il s'est montré d'une « certaine fermeté » par téléphone face à Séjourné, entend-on dire – bref, il lui a dit non – alors qu'Antoine Lesieur, conseiller « affaires réservées » de Gabriel Attal, lorgnait aussi ce territoire, avec l'appui de son boss.

Les très gagnables circonscriptions des ministres Olivia Grégoire (la 12e de Paris, à cheval sur les XVe et VIIe arrondissements) et Roland Lescure (Français d'Amérique du Nord), qui hésitent à ce stade à se représenter, seront elles aussi brièvement envisagées par « Séj », jusqu'à ce qu'ils confirment tous deux leur intention de repartir. La députée sortante des Yvelines, Béatrice Piron, délivre quant à elle à Séjourné une fin de non-recevoir. On murmure donc qu'il est décidé à jeter son dévolu sur une autre circonscription, réputée tout aussi facile pour le parti présidentiel : celle de Boulogne-Billancourt (9e des Hauts-de-Seine). Le sortant Renaissance y serait-il plus aisé à déloger ? Emmanuel Pellerin, qui compte toutefois être candidat et l'a tweeté, s'était illustré en janvier 2023 par sa consommation (reconnue) de cocaïne (il avait ensuite bénéficié d'un non-lieu). Mais là aussi, un conseiller de Matignon, Rayan Nezzar, aurait quelques prétentions. Cette fois, Séjourné a un coup d'avance : il a pris soin de sonder l'entourage de Nicolas Sarkozy. L'ex-président, comme les initiés le savent, surveille toujours de près le moindre mouvement dans son ancien fief des Hauts-de-Seine. Il fallait s'assurer que son éventuelle candidature ne poserait pas de problème, puisque la rumeur dit que son ancienne directrice de cabinet, Emmanuelle Mignon, aujourd'hui numéro 2 des

Républicains, envisageait de s'y présenter. Ce choix, s'il a toutes les chances de s'avérer payant, coûtera quelque peu au futur ex-ministre des Affaires étrangères, dont les troupes au parti glosent déjà sur son manque de courage supposé.

Stabilo boss

À gauche, on se divise… en deux groupes : ceux amenés à s'entendre sur les circonscriptions se donnent rendez-vous au QG de la campagne européenne du PS et de Place publique ; les autres, qui vont rédiger le programme de ce qui est désormais le Nouveau Front populaire, se retrouvent au siège des Écologistes.

La tâche s'annonçant ardue, ces derniers décident d'une méthode de travail. Premièrement, ne pas laisser de points en suspens (ou à soumettre « à la sagesse de l'Assemblée nationale », comme le mentionnait en 2022 l'accord de la Nupes). Deuxièmement, commencer par les sujets sur lesquels les désaccords sont les plus vifs – l'international en tête. Pierre Natnaël Bussière, le plus proche conseiller de Raphaël Glucksmann, vient d'ailleurs à la mi-journée renforcer son camp, aux côtés d'Aurore Lalucq. Alors on débat, on rédige de premières versions, on fait relire, on rature. Et quand ça bloque (sur le Hamas, l'antisémitisme, la brutalisation de la vie politique, l'A69, la sixième semaine de congés payés ou la nationalisation de Sanofi, rien que ça), on stabilote et on renvoie au lendemain.

Quant aux négos sur les 577 circonscriptions, chacun joue sa partition et fait chauffer les tableurs – non sans crispation et interruptions de séance. Le PS, toujours lui, veut reprendre la main et inverser le rapport de force avec les Insoumis – ou du moins essayer de le faire –, en en exigeant plus de 200, avec le secret espoir d'en obtenir 180 (contre 70 en 2022).

De son côté, Jean-Luc Mélenchon – qui, officiellement seulement, ne participe pas aux négociations – s'attable à la mi-journée avec l'écologiste David Cormand, dans un restaurant en face de la gare de l'Est. La tonalité de leur déjeuner nous sera ainsi résumée : l'Insoumis, qui laisse entendre qu'il pourrait lui-même être candidat aux élections législatives (il ne le sera finalement pas, arguant qu'il ne veut pas priver qui que ce soit d'une circonscription, mais la rumeur va prospérer), jure souhaiter que l'accord aboutisse et dit penser que le NFP peut l'emporter. Aussi, il demande qu'on le laisse tranquille, refusant – c'est promis – d'être « un épouvantail » dans cette affaire.

« Les négociations avancent bien », dira Olivier Faure aux siens réunis dans la soirée au siège du PS à Ivry pour un conseil national. Mais le premier secrétaire doit encore et surtout convaincre de l'importance de repartir avec LFI, si rapidement après la campagne des européennes : « Je sais les traces que ça a laissé en chacun de nous », mais il faut le faire pour « les millions d'hommes, de femmes et d'enfants dans ce pays qui tremblent » devant le danger de l'extrême droite, affirme-t-il. Le vote de validation sera pour vendredi, car rien n'est encore finalisé, ni les circonscriptions, ni le fond du programme, ni même – et on en revient forcément à Mélenchon – le nom d'un futur Premier ministre de gauche. Il est urgent d'attendre.

MERCREDI 12 JUIN

Chacun cherche sa clé

Depuis son deal conclu à la va-comme-je-te-putsche, Éric Ciotti est devenu la cible numéro 1 au centre comme à droite. Le futur ex-garde des Sceaux, Éric Dupond-Moretti, qui est l'heureux propriétaire d'une villa « somptueuse sur les hauteurs de la baie des Anges », à Nice (nous aussi nous lisons *Gala*), hésite même à se présenter face à lui, apprend-on, sans illusions sur ses chances de l'emporter, mais histoire d'incarner le combat contre l'extrême droite, comme il a déjà tenté de le faire lors des régionales de 2021 face à Le Pen.

En attendant, à 15 heures aujourd'hui, les membres du bureau politique des Républicains ont rendez-vous pour une réunion « exceptionnelle » convoquée par Annie Genevard, la secrétaire générale du parti. Et ce, n'en déplaise aux deux huissiers envoyés par Éric Ciotti pour essayer d'empêcher la tenue du BP (et qui se retrouveront momentanément coincés entre la porte de la salle et un mur de caméras). Les caciques du parti, réunis dans une salle du siège autour de Laurent Wauquiez – Gérard Larcher, Bruno Retailleau, François-Xavier Bellamy et bien d'autres – commencent par renommer Michèle Tabarot à la tête de la commission nationale d'investiture. Puis ils s'attaquent au gros morceau, ainsi résumé par une source sénatoriale : « Voir comment on peut contraindre Éric Ciotti à quitter le parti. » « Éric Ciotti n'a pas su prendre de la hauteur », déclare Wauquiez en préambule, faisant cruellement pouffer quelques participants dans la salle – signe sans doute que les élus du parti sont déjà rassurés de voir qu'ils sont unis. Le hic : d'après les statuts, c'est au président – Éric Ciotti, donc – et non à sa « SG », de convoquer un bureau politique (art. 24.3). Cependant, des juristes consultés à la hâte pour trouver la parade ont pointé que cette règle pourrait ne pas s'appliquer dans le cas présent, Ciotti ayant « pris une décision impliquant le parti tout entier sans mandat pour le faire ».

Les ténors de la droite républicaine gardent dans l'idée d'exercer une pression politique collective telle « que Ciotti entende raison » et quitte de lui-même son poste (ils ont commencé, eux aussi, par la publication d'une tribune dans *Le Figaro*[1]). S'ils n'y parviennent pas, il leur faudra forcer Ciotti à déguerpir par un moyen légal, en s'appuyant sur les statuts et le règlement du parti. Il faudrait par exemple qu'un quart des « conseillers nationaux » de LR (environ 500 personnes) demandent officiellement la convocation d'un bureau politique. Mais entre le recueil des signatures et les délais de convocation, la manœuvre prendrait du temps. « Les proches de Wauquiez espèrent qu'ils n'auront pas à en arriver là », décrypte un stratège du parti.

1. « Larcher, Wauquiez, Pécresse, Baroin… : la position exprimée par Éric Ciotti est une impasse », *Le Figaro*, 11 juin 2024.

Ciotti, de son côté, n'est pas aussi serein qu'il voudrait le laisser penser. « Respirez, buvez un coup », lui conseillera Christine Kelly tout à l'heure à 19 heures, le trouvant un brin tendu juste avant de le recevoir sur CNews, où il arrive pourtant en terrain conquis.

Il faut dire que la journée qui vient de s'écouler restera dans les annales. Tandis que peu avant midi, pas moins de 200 journalistes s'installent au rez-de-chaussée du Pavillon Cambon Capucines, près de la place de la Madeleine, pour assister à la conférence de presse tant attendue d'Emmanuel Macron, il nous revient aux oreilles qu'Éric Ciotti, désormais présenté sur les bandeaux de télévision comme « le président exclu des Républicains », a fait savoir en interne qu'il s'apprêtait à fermer – littéralement – les portes du siège du parti, situé juste en face de l'Assemblée nationale. Il pense pouvoir empêcher le bureau politique de se tenir.

La guerre interne aux Républicains bascule dans le grotesque. Les élus Florence Portelli et Aurélien Pradié, assaillis par les dizaines de journalistes ayant rappliqué devant le siège en question, déclarent envisager d'« appeler le Samu ou Jordan Bardella » pour convaincre leur ex-chef de leur rendre l'accès au bâtiment. La réouverture des battants bleus de la porte cochère du siège du parti par une Annie Genevard fort heureusement armée d'un double des clés (fourni par l'un des proches insurgés de Ciotti) sera retransmise en direct sur toutes les chaînes dans l'après-midi.

Plus à droite, mais tout aussi spectaculaire : Éric Zemmour, qui, le menton rentré sur le plateau de BFM TV, se dit « écœuré et blessé » et décerne « le record du monde de la trahison » à Marion Maréchal. Son ex-tête de liste aux européennes est exclue de Reconquête pour avoir appelé, sans l'aval du chef – mais en compagnie de trois autres eurodéputés Reconquête fraîchement élus –, à soutenir les candidats du RN aux législatives. Si elle a échoué à obtenir un accord avec le parti de sa tante, comme nous l'avons vu, on le sait désormais : elle a réussi à obtenir que cinq de ses proches décrochent l'étiquette RN.

Macron show

Mais revenons à la conférence de presse présidentielle, ce matin. Croisé alors que nous nous installons, François Bayrou, à qui l'on demande comment il se porte, répond sourire en coin : « Mieux, ce serait indécent. » Même air teinté d'ironie de la ministre du Travail, Catherine Vautrin, nommée cinq mois plus tôt, qui nous lance : « Formidablement ! » Le silence vient de se faire et les derniers bavards de s'asseoir quand le chef de l'État, le teint légèrement cireux, entre en scène un peu avant 11 h 30, faisant face à l'ensemble de son gouvernement réuni avec les chefs de parti de la majorité sortante, en contrebas, à côté de la presse. Une figure brille par son absence au premier rang, aux côtés des présidents du MoDem et de l'UDI : Édouard Philippe, officiellement représenté par Christophe Béchu, secrétaire général du « groupe » Horizons, comme le présentera Emmanuel Macron dans un lapsus (il est SG du parti).

Debout derrière un bureau immaculé aux bords arrondis, Emmanuel Macron se lance enfin dans une allocution qui durera près de quarante minutes. Butant sur les mots plus qu'à son habitude, il pointe les « masques qui tombent » depuis dimanche soir et annonce une « bataille des valeurs » à venir. Il tape, tour à tour, sur Éric Ciotti et son « pacte du diable », sur la gauche alliée à « l'extrême gauche » et gangrenée, selon lui, par l'antisémitisme et l'antiparlementarisme. Il promet « l'autorité républicaine à tous les étages » si ses candidats l'emportent et fait quelques annonces disparates, comme la suspension du projet de loi électoral pour la Nouvelle-Calédonie, qui a déclenché de graves émeutes au mois de mai sur le Caillou. « Je n'ai jamais été là pour protéger le système politique », ose-t-il quand on l'interroge sur le bien-fondé de sa décision de dissoudre, reprochant en creux aux acteurs du jeu politique d'être les seuls à la regretter. Silence gêné dans les rangs.

Dans la salle, les membres de l'équipe de campagne ont briefé les journalistes présents : il n'y aura qu'une question par catégorie de médias (quotidiens, télévisions, radios, médias en ligne, presse étrangère...) et peut-être quelques heureux élus supplémentaires. Mais qu'on n'y compte pas trop : le président ne tient pas à se prêter à un long ping-pong avec la presse, lui qui n'est pourtant jamais meilleur que dans la confrontation. Frustrant. Mais nous ne sommes pas les seuls à nous tortiller sur nos chaises. Difficile d'ignorer les larges bâillements d'au moins deux ministres et les innombrables paires d'yeux levés au ciel sur notre gauche.

Ou ce pilier du gouvernement le doigt dans le nez, l'air ailleurs. Une autre membre du gouvernement nous textote, quand Emmanuel Macron, sur scène, lance un appel aux « républicains de tous bords » : « Je ne vois pas bien arriver des "masses" de soutien », ironise-t-elle, émoji mort de rire à l'appui.

Parmi les ministres, certains font partie des figures de la gauche de la majorité que le président a sondées en amont de sa conférence. « Tu as des idées, sociales, progressistes ? Je vais lancer des balles dans l'atmosphère », leur a-t-il lancé ces derniers jours. « Au final : rien », se désespérera l'un d'entre eux à la sortie.

Conviés dans la foulée de la conférence de presse à un échange « off » dans une salle attenante avec le conseiller en communication d'Emmanuel Macron, Jonathan Guémas, plusieurs dizaines de journalistes s'agglutinent rapidement autour du normalien. Plus visiblement sceptiques et insistants qu'à l'accoutumée, ils l'assaillent de questions sur les motivations du président : le conseiller répète que le chef de l'État entend offrir une « respiration démocratique » au pays, vante sa « posture d'humilité » et sa capacité « d'écoute », promet un « sursaut de participation » et une « nouvelle donne électorale ». Mais l'évidence saute aux yeux : acculé presque physiquement, il peine à convaincre et le voit bien.

Horizons dégagés

Absent ce matin de la conférence de presse présidentielle, donc, Édouard Philippe trace ostensiblement son chemin.

Pour la première fois, les candidats de son parti, Horizons, pourront s'enregistrer comme tels en préfecture, plutôt que sous la bannière commune de la majorité présidentielle (Ensemble). Ce qui n'est pas sans conséquences stratégiques.

Outre le fait que les philippistes espèrent convaincre, soyons fous, quelques brebis égarées des Républicains – l'ex-PM leur a de nouveau « tendu la main » à la télévision hier soir – de s'amarrer à leur formation sans être directement rattachés à l'ex-majorité présidentielle, ce choix doit surtout permettre au maire du Havre de prendre son indépendance financière. Jusqu'alors, la structure Ensemble récoltait en effet une partie des financements publics liés aux résultats des législatives de 2022, avant que l'argent ne soit redistribué aux partis Renaissance, MoDem et Horizons au prorata de leurs scores électoraux. Désormais, l'argent tombera directement dans la caisse d'Horizons. Une manière de plus de « marquer une autonomie » pour « préparer la suite », assume auprès de nous un proche d'Édouard Philippe.

À Renaissance, on cherche à se rassurer. « Ils ont une séparation des biens, mais ça n'empêche pas le mariage », veut croire un proche du chef de l'État. C'est que les partis de la majorité sont encore liés par un accord électoral (y mettre fin serait suicidaire) : ils doivent s'accorder sur la répartition des investitures d'ici à la fin de la semaine, et ne se sont pas encore attaqués aux cas les plus sensibles. « Évidemment, les philippistes veulent plus de places qu'ils n'en avaient… » en 2022, grince un cadre macroniste au fait des conciliabules. Dans le viseur du parti d'Édouard Philippe, notamment : ses places fortes où règnent des maires Horizons, comme Angers, Reims ou Nice.

Pour obtenir un maximum d'investitures, les philippistes opteront pour le genre de stratégie qu'affectionne le boxeur Édouard Philippe : autorité et esquive. Hier, l'élu parisien Pierre-Yves Bournazel et l'eurodéputé Gilles Boyer, deux fins connaisseurs de la carte électorale et qui représentent habituellement Horizons dans le cadre de ces négociations, ont fait part de leurs desiderata lors d'une première réunion à laquelle ils ont participé avec Stéphane Séjourné et son conseiller spécial au Quai d'Orsay, Vincent Caure, pour Renaissance, et le ministre de l'Agriculture Marc Fesneau accompagné de la députée Maud Gatel, pour le MoDem. De fait, ils sont gourmands, puisqu'ils réclament, notamment, que les circonscriptions des députés sortants de la majorité ne soient pas nécessairement réservées aux mêmes partis qu'en 2022, au nom du fait que, selon eux, celui d'Édouard Philippe a gagné en assise territoriale et en nombre d'adhérents. Une seconde réunion a lieu ce soir, où les négociateurs doivent commencer à entrer dans le détail de la répartition. Mais aucun représentant de l'ancien Premier ministre ne participera aux suivantes. Bournazel et Boyer régleront chacun des cas problématiques par téléphone. Parfois, aucune solution n'est trouvée, comme dans la 1re circonscription du Val-de-Marne, où ils présenteront en fin de compte leur candidat, le maire de Saint-Maur-des-Fossés, Sylvain Berrios, face au sortant Frédéric Descrozaille, pourtant un représentant de Renaissance, en outre bien identifié à l'Assemblée. Culotté mais gagnant : Berrios l'emportera pour Horizons.

Stéphane Séjourné, de son côté, très accaparé par sa propre campagne dans les Hauts-de-Seine – rappelons qu'il est aussi ministre des Affaires étrangères et devra, par exemple, accueillir demain matin un ancien otage français en Iran à l'aéroport du Bourget – et souvent absent des discussions, déléguera une partie du travail au « niveau d'en dessous », nous racontera une personne au fait des tractations. C'est ainsi qu'Antoine Pavamani, conseiller de Gabriel Attal, et Christelle Delmas, ancienne secrétaire générale du parti, se chargent du gros du boulot pour Renaissance, en lien notamment avec la cheffe de cabinet de Marc Fesneau, Agnès Callou (le ministre de l'Agriculture, lui aussi en campagne pour sa réélection, assurera tout de même certains échanges directs avec Séjourné) et Anne-Caroline Berthet, toutes deux représentant le MoDem. Vincent Caure est souvent dépêché dans les discussions au début, jusqu'à ce qu'il soit lui-même investi (il sera élu député des Français du nord de l'Europe). Il est loin le temps où, comme en 2022, Richard Ferrand régnait en maître sur la répartition des investitures. « Le premier qui braillait, il giclait. Là, il n'y avait pas de patron ! » se remémorera avec nostalgie un observateur. « Avec Ferrand c'était plus raide et plus dur, mais c'était franc... Il avait l'habitude de dire "un compromis c'est un état d'esprit" », nous confiera un autre, soulignant que les négociateurs d'Horizons ont aussi bénéficié de leur meilleure connaissance de la carte électorale que Séjourné.

Le temps étant compté, les grands chefs peu présents, la stratégie du clan Philippe portera ses fruits. Horizons, qui démarre pourtant la campagne sous pression maximale, avec le risque de ne se retrouver qu'avec une poignée de députés, décroche 82 investitures à la fin (hors Outre-mer), contre 58 en 2022. « Renaissance a tout lâché », commentera un participant dépité. Un joli coup réalisé en toute discrétion, qui, en tout état de cause, permettra en principe aux philippistes d'augmenter nettement leur financement public (chaque parti présentant 50 candidats ou plus récoltant au moins 1 % des voix, recevra annuellement, après l'élection, environ 1 euro par suffrage recueilli au premier tour, en plus du financement lié au nombre de députés élus). Filou.

Graine de discorde

À gauche, les négociations se poursuivent, mais tout est ce soir suspendu à la prise de parole de Jean-Luc Mélenchon. « Un accord est possible demain, ou jeudi, sauf s'il nous empêche d'avancer ce soir… », nous écrit un socialiste peu avant 20 heures. Mais loin de JLM l'envie de passer pour un empêcheur. Invité ce mercredi sur France 2, l'Insoumis en chef, tout miel, se félicite du deal qui semble en passe d'être obtenu.

Et s'il ajoute, face à Anne-Sophie Lapix, se sentir « capable » de devenir Premier ministre en cas de victoire de l'union des gauches – une option dont ne veulent pas entendre parler les alliés en devenir – le tribun Insoumis le fait en se référant à une règle édictée lundi matin par… Olivier Faure, dans une interview à France Inter : « Le groupe parlementaire le plus important » proposera un nom pour Matignon, a expliqué le patron du PS. Le hic : cette phrase, qui servira, à maintes reprises, d'argument à Mélenchon et aux siens, n'a pas été prononcée pendant les négociations, ni écrite dans l'accord.

« Ça n'a aucun sens ! » s'étrangle à ce sujet un cadre socialiste auprès de nous. Un autre reconnaîtra toutefois a posteriori une difficulté : « On dit des bêtises, parfois... »

Et si cette phrase tombe mal, c'est que selon la clé de répartition des circonscriptions entre alliés, officialisée ce jour via l'AFP, La France insoumise dispose toujours du plus gros contingent, bien qu'amoindri par rapport à l'accord de la Nupes en 2002 (229 contre 326). Ce qui renforce donc logiquement ses chances de devenir « le groupe parlementaire le plus important » à gauche. Le Parti socialiste s'est toutefois refait une santé lors des négociations et présentera 175 candidats, contre 70 il y a deux ans, tandis que les troupes de Marine Tondelier sauvent largement les meubles avec 92 investitures, contre 100 en 2022. Les communistes en conservent 50. Le tout, sans compter les Outre-mer et la Corse. Reste à savoir – et ce n'est pas un détail – qui héritera de quelle circonscription, et surtout quelles sont celles étiquetées « gagnables ».

Si l'Élysée observe de près la constitution de cette alliance que le président avait jugée impossible, les éléments de langage des communicants d'Emmanuel Macron sont déjà prêts : « Je pense que les électeurs de Raphaël Glucksmann vont avoir les écailles qui tombent des yeux », grince ce soir l'un d'entre eux auprès de nous.

JEUDI 13 JUIN

Ça secoue

« Je suis le président du parti, je vais à mon bureau, c'est tout. » Les yeux plissés à cause du soleil tandis qu'il se fraie un chemin au milieu de la horde de journalistes qui colle à ses chaussures cirées, ce matin, Éric Ciotti garde le menton bien relevé. D'ici quelques minutes, il postera – bien qu'on lui ait coupé l'accès à sa boîte mail de président de LR et aux comptes du parti sur les réseaux sociaux – une courte vidéo de lui reprenant possession, au siège des Républicains, de son bureau aux rideaux blancs, aux murs blancs et au mobilier blanc. On l'y verra jetant de sa fenêtre un coup d'œil satisfait vers la rue, puis tourner les talons et marcher lentement, tel le Parrain, vers sa table de travail étonnamment vide, avant de s'affaler dans un siège en cuir blanc légèrement incliné, content (quoiqu'un peu désœuvré). Le tout sur un fond musical épique. En bref : treize secondes de bonheur pour Internet.

Dans la foulée, Ciotti tentera de faire constater par un huissier, qui l'a accompagné à l'intérieur, qui parmi ses 50 salariés obéit encore à ses ordres. Le même a d'ailleurs été envoyé hier soir chez Kamel Rezagui, le directeur des élections du parti, pour tenter de lui extorquer la liste des candidats investis pour les élections, sur laquelle Michèle Tabarot travaille depuis dimanche soir (elle sera finalement bouclée juste à temps vendredi). Il a décidément du mal à trouver ses candidats : mardi, déjà, Ciotti a essayé de récupérer la liste des recalés des commissions d'investiture précédentes, en vain, avant de s'enfermer, le soir, dans son bureau de la Questure avec Antoine de Chemellier et le président des jeunes Républicains, Guilhem Carayon, pour « flécher ses circonscriptions », comme on dit.

Le rallié au RN, plus droit dans ses bottes que jamais, ne démord de rien et vient d'annoncer avoir déposé un recours en justice après qu'hier matin, un bureau politique des Républicains convoqué sans lui (cela va sans dire), a acté son exclusion. C'est Laurent Wauquiez, l'air consterné, qui l'a annoncé à la presse, devant un Gérard Larcher dodelinant de la tête et une Valérie Pécresse à l'air inquiet. L'ancien patron du parti, plus ou moins en retrait de la vie politique nationale depuis les élections européennes de 2019, défend une ligne entre le « en même temps » macronien et le « saut dans l'inconnu » que représente le RN selon lui. La gouvernance est désormais théoriquement assurée par un duo composé de la députée Annie Genevard et de l'ancienne tête de liste aux européennes François-Xavier Bellamy, qui entendent préserver cette ligne d'« indépendance ».

Juste avant 21 heures, Ciotti apparaît à nouveau sur le plateau de Cyril Hanouna, sur C8 – *where else ?* – au côté d'une Sarah Knafo (compagne d'Éric Zemmour) nouvellement eurodéputée, tout sourire, pour dénoncer plein de mépris une tentative de « puputsch » fomentée par « un quarteron de vieilles barbes qui ont toujours tout perdu». Il semble au comble de la satisfaction. Mais les sourires de façade ne l'empêchent pas, en coulisses, de parer à toutes les éventualités. Dans un message que nous consultons, l'élu des Alpes-Maritimes a expressément demandé à ses «70 à 80» candidats (selon ses décomptes) de se rattacher à son microparti «À droite! Les amis d'Éric Ciotti» (oui, c'est son nom), et non aux Républicains, lorsqu'ils déposeront leur dossier en préfecture. Et ce, «à cause du litige en cours», précise-t-il, laissant poindre un peu de fébrilité face à la solidité juridique de son recours. Sait-on jamais, ses adversaires pourraient bien réussir leur coup.

Pas franchement déstabilisée par les manœuvres à coups d'huissier d'Éric Ciotti, Michèle Tabarot prendra soin de faire savoir dans la soirée que 200 candidats ont déjà été investis par ses soins. Histoire qu'on se le dise d'ores et déjà : la grande fuite vers le RN n'a pas eu lieu.

Touches finales

Du côté de l'équipe de campagne du camp présidentiel, on s'active aussi, et pas qu'un peu, pour finaliser les investitures – le dépôt des candidatures est ouvert jusqu'à dimanche, 18 heures – avec son lot de cas Rubik's Cube. Pour repérer ces derniers, il suffit de pister les circonscriptions qui ne sont pas attribuées, ce soir, dans les premières listes diffusées par Renaissance.

Gilles Le Gendre, un macroniste de la première heure, n'a ainsi toujours pas reçu son coup de tampon. Hier soir, pourtant, lors de la seconde réunion entre représentants du MoDem, d'Horizons et de Renaissance, l'élu philippiste Pierre-Yves Bournazel a soulevé la question. Stéphane Séjourné, en retour, lui a assuré qu'il n'y avait pas de problème particulier… sans que personne comprenne vraiment. Si Le Gendre a bel et bien déjà décidé de ne pas se représenter en 2027, il n'a pas l'intention de renoncer à ses dernières années de mandat. Mais son franc-parler et ses critiques ouvertes de la loi immigration, notamment, lui valent quelques inimitiés. Or sa circonscription en or (la 2ᵉ de Paris), qui se trouve être aussi le terrain de jeu de la maire du VIIᵉ, Rachida Dati, est toujours fort convoitée, bien que Stéphane Séjourné lui-même, on l'a vu, y ait renoncé ; Antoine Lesieur, conseiller de Gabriel Attal, s'y intéresse toujours. Logique : ce territoire, qui recouvre le Vᵉ arrondissement, une partie des VIᵉ et VIIᵉ, demeure un des plus beaux bastions de la Macronie. Le sortant n'entend pas le moins du monde être absent des bulletins de vote, même sans investiture de la majorité.

Mais le véritable enjeu pour les stratèges macronistes, à quelques heures de la fin du dépôt des candidatures, consiste à décider, là où ils n'ont pas de sortants, s'il convient de présenter un candidat ou s'il est envisageable d'entamer une discussion avec le champion du camp adverse. Plus compliqué que ça en a l'air, ou, selon l'expression d'Hervé Marseille, un sénateur centriste connu pour sa ruse et ses bons mots : « C'est aller dans le brouillard avec une torche. » Il explique : « Les mecs changent d'étiquette toutes les heures. S'ils te disent qu'ils sont des Républicains, OK, mais quelle tendance ? Un copain d'Éric Ciotti, de David Lisnard… ? »

À la manœuvre, notamment, et donc armé d'une torche, ou plutôt d'une sonde pour évaluer le degré de compatibilité de certains LR : Gérald Darmanin. Le ministre de l'Intérieur cherche à se montrer, a-t-on ouï dire, un brin plus subtil que Stéphane Séjourné et sa main tendue aux oppositions du début de semaine. Souvenez-vous : le chef de Renaissance avait exigé des réponses « des gens raisonnables » avec qui le camp présidentiel serait susceptible de travailler. De quoi déclencher l'hilarité (et la consternation) d'un interlocuteur d'Emmanuel Macron, au téléphone mercredi, sur le manque d'habileté supposé des lieutenants du chef de l'État : « Ils ne savent toujours pas faire de la politique ; commencez par aller boire des coups ! L'idée c'est pas de se compter entre "raisonnables", c'est bien au contraire d'introduire un peu de déraison et des rapports humains dans la machinerie… » De fait, l'idée que le camp présidentiel serait celui de la « raison[1] » avait déjà valu quelques critiques acerbes, aux prémices de la campagne présidentielle de 2022, à l'ancien ministre Clément Beaune.

Tout tout premier couac

À trop vouloir se montrer « raisonnable », justement, comme il le dit lui-même, Jordan Bardella commet quelques faux pas. Deux jours après avoir fait marche arrière, lors

1. Olivier Faye et Claire Gatinois, « Clément Beaune : "En 2022, il nous faudra incarner le camp de la République et de la raison" », *Le Monde*, 23 août 2021.

d'une interview sur RTL, sur la question des retraites – il promettait jusque-là d'abroger la réforme de 2023 et ne fait plus cette promesse, rejetant la faute sur « la situation économique compliquée » dont il pourrait hériter –, le voici qui corrige à nouveau le tir, ce jeudi, dans une courte vidéo publiée sur X. Assis derrière son bureau façon président de la République, un drapeau français à sa gauche et une reproduction de la Marianne d'Obey – un street artist qu'Emmanuel Macron a fait entrer à l'Élysée – sur sa droite, Bardella appelle ses sympathisants à la mobilisation « face au péril de l'extrême gauche » et « pour tourner la page du macronisme ». Il présente les priorités de son « futur gouvernement d'union nationale » et explique, pour la première fois, que son action s'établira en deux « temps ». D'abord, celui des « urgences » – la baisse des factures d'énergie et le rétablissement de l'ordre, notamment – puis celui des réformes, parmi lesquelles la réforme des retraites.

Rappelons que le programme du RN en la matière consiste depuis 2022 à permettre à ceux qui ont commencé à travailler avant 20 ans de partir avec 40 annuités et de bénéficier d'un renforcement du dispositif « carrières longues », le tout pour un coût évalué à un peu moins de 10 milliards d'euros… soit plus de quatre fois moins que ce que le parti proposait en 2017 : la retraite pour tous à 60 ans avec 40 annuités.

L'idée de ce séquençage en deux temps (des urgences/des réformes) a été soufflée à Jordan Bardella par un petit groupe d'intellos du RN, nous explique l'un d'entre eux, Renaud Labaye. Cet influent saint-cyrien devenu secrétaire général du groupe à l'Assemblée nationale, et dont Marine Le Pen ne se sépare plus, a planché avec le « Monsieur Économie » du parti, le député Jean-Philippe Tanguy, et « quelques autres », détaille-t-il. Ceux-là appartiennent au groupe des « nouveaux Horaces[1] », une officine à la composition tenue secrète, surnommée de la sorte en référence à un premier groupe de hauts fonctionnaires fondé en 2015 et chargé d'alimenter la patronne en notes et réflexions diverses. Ensemble, ils aboutissent à cette ébauche de frise (une idée déjà en veille dans la perspective de 2027) pour adapter leur programme présidentiel à une cohabitation, à un temps restreint (deux ans et demi contre un quinquennat) et à leur promesse de tenir une ligne de sérieux budgétaire, à l'heure où les finances publiques dégringolent. De quoi, au passage, tenter de rassurer un certain électorat de droite ainsi que les patrons. En l'occurrence, elle permet aussi à Jordan Bardella de dire clairement qu'il prévoit bien une transformation du système des retraites… à un moment.

Problème : cet « ajustement », comme on dit fort officiellement au sein du parti à la flamme, ajoute de la confusion à une réforme déjà complexe, obligeant le président du RN à revenir à plusieurs reprises sur ce sujet. Le sparadrap se fait d'autant plus collant que, comme l'estimera Labaye a posteriori : « La réforme n'est pas maîtrisée par un certain nombre de cadres. On a eu quelques candidats qui ne connaissaient pas notre projet. » Et qui, du coup, « racontent n'importe quoi ». Vite balayées selon lui par la suite de la bataille électorale, ces hésitations auront tout de même eu

1. Paul Laubacher, « Marine Le Pen accélère ses préparatifs pour 2027 », *Le Figaro*, 17 février 2024.

un coût : « Si on avait mieux expliqué, on aurait peut-être pu gagner un peu plus de points, notamment dans l'électorat de droite. » Un épisode qui n'est que le premier d'une longue série de couacs qui vont émailler la campagne RN.

Pacte scellé

Quand ils se sont quittés, ce matin vers 6 heures, les négociateurs de l'accord programmatique de la gauche ont passé une nuit… plus que difficile. En cause : l'antisémitisme, question sur laquelle ils butent depuis quatre heures. Faut-il un addenda spécifique, comme le demande Place publique, une commission d'enquête, une formation des élus ? L'Insoumise Clémence Guetté s'énerve, monte au front, refusant que les siens soient taxés du moindre soupçon d'antisémitisme. Les esprits s'échauffent. La fatigue n'aide pas ; leurs échanges de la veille se sont également terminés à l'aube. Tout le monde rentre se coucher avec une proposition de rédaction, à rediscuter plus tard dans la journée.

Dans la matinée, c'est à propos des circonscriptions que les choses se corsent. « Je crois que LFI préfère perdre des circos que de voir le PS devenir un groupe important », nous pianote vers 11 h 30 un socialiste, qui ajoute que « c'est très très tendu ». Les Insoumis jugent, eux, les socialistes trop gourmands. En interne, ces derniers laissent entendre que tout pourrait capoter, qu'il faut se préparer à cette option. La rumeur fuite dans la presse et accentue la tension avec les partenaires, LFI en tête. Un cadre du parti à la rose nous le confirmera plus tard, évoquant « un coup de pression » qui « pouvait mal finir ».

Tous le savent, il faut désormais conclure : sur le terrain, les députés sortants, repartis en campagne dès l'annonce de la dissolution, ont besoin de messages clairs, mais aussi de matériel électoral. Les discussions reprennent, plus apaisées dans l'après-midi, on s'accorde enfin sur les circonscriptions, avant un dernier « psychodrame Lalucq », selon les termes d'un cadre Écologiste, toujours sur l'antisémitisme. La coprésidente de Place publique quitte un moment la salle, avant de revenir après une discussion conclusive avec l'Insoumis Manuel Bompard. Dans l'accord, un passage sera consacré à « la lutte contre toutes les formes de racisme, contre l'antisémitisme et l'islamophobie » : « Aucune tolérance n'est de mise face à ces menaces et à ces comportements d'où qu'ils viennent », et qui « connaissent une explosion inquiétante, sans précédent ». Une manière de répondre à Mélenchon qui, le 2 juin, avait qualifié l'antisémitisme de « résiduel » en France, déclenchant un tollé.

Il est 20 h 15 quand le Nouveau Front populaire annonce très officiellement, via un communiqué, être parvenu à toper sur « un programme de gouvernement » et sur des candidatures uniques dans toutes les circonscriptions de France. Mais pour le détail, il faudra attendre la conférence de presse à la Maison de la chimie, à Paris, qui se tiendra demain en présence de tous les chefs à plume de l'alliance.

Et c'est le moment de regarder François Hollande, qui s'est invité au 20 heures de TF1. Derrière un écran d'ordinateur, au siège des Écologistes, tous suivent l'interview de l'ancien président de la République. L'ambiance est un peu potache, selon l'un des présents : « Ça fait longtemps qu'on n'avait pas été aussi pressés de l'écouter. » En plateau, Hollande ne laisse pas transparaître le moindre état d'âme lorsqu'il apporte son soutien à l'accord électoral et programmatique du Nouveau Front populaire – signé donc, quelques instants plus tôt seulement – l'ancien président a du métier. « J'ai des divergences, qu'on connaît, balaie-t-il (littéralement) d'un revers de la main, mais ce qui est essentiel, c'est que l'union ait pu se faire, c'est que l'extrême droite ne puisse pas gouverner. » « Adoubée par Hollande, l'affaire est dans le sac, il n'y a pas plus anti-LFI que lui ! » résume alors un négociateur Écologiste.

Impatients que nous sommes, nous mettons la main sur le tableau Excel de la répartition des circonscriptions par formation politique – celui-là même qui a failli faire achopper l'accord à la mi-journée. On y apprend que : les socialistes, qui n'ont pas de députés dans la capitale, récupèrent, entre autres petites victoires, quatre circonscriptions à Paris, dont la 7e, que lorgnent deux adjoints parisiens d'Anne Hidalgo – Emmanuel Grégoire, officiellement, et Lamia El Aaraje, officieusement, mais elle reviendra au premier –, et où se présente le macroniste Clément Beaune, qui a lui aussi des rêves de mairie de Paris. Idéal ! C'est aussi écrit noir sur blanc : la 1re circonscription du Nord a bien été réservée à LFI. Le mouvement entend y réinvestir le sortant… Adrien Quatennens, lieutenant de Jean-Luc Mélenchon s'il en est. Le hic : il a été condamné pour violences conjugales après avoir reconnu une « gifle » sur son ex-épouse en septembre 2022. Or, dans les discussions entre partenaires, il y a eu un « sujet Quatennens ». Socialistes, communistes et

Écologistes ont prévenu les Insoumis qu'ils n'apporteraient pas leur soutien au député – ce que répète sans perdre de temps le secrétaire national du PCF, Fabien Roussel, ce soir sur BFM TV.

Sacrés Insoumis, qui ne peuvent pas s'empêcher de réserver des surprises à leurs alliés. Et ça n'est pas la dernière…

VENDREDI 14 JUIN

Retrouver ses marques

Si le communiqué scellant pour de bon l'accord entre partis de gauche est donc tombé hier soir, tout n'est pas encore réglé. « Il reste à se mettre d'accord sur le préambule » rédigé dans la nuit, entre Aurore Lalucq, Manuel Bompard et l'élu socialiste Maxime Sauvage, nous explique-t-on. Une référence à la « brutalisation de la vie politique », défendue par Glucksmann, sera insérée. Avec une formulation plus large : « Nous luttons contre la multiplication des discours de haine et contre la prolifération des menaces et des violences qui abîment notre démocratie », peut-on y lire. Ou encore : « Nos parlementaires s'engagent à refuser la diffusion de fausses informations, la calomnie, le cyberharcèlement, et les incitations à la haine, y compris sur Internet. » Les choses « atterrissent », comme disent les stratèges, vers 7 h 30. Alléluia.

Comme pour Hollande la veille, les partenaires de gauche ont le sens du timing. Car Glucksmann est justement l'invité de France Inter dans quelques minutes, à 7 h 50 précisément. Celui qui avait accepté l'invitation de la radio avant même de savoir s'il aurait topé sur l'accord programmatique avec les partis du NFP (la cuisine des circos ne l'intéressait pas) est tenu au courant de la dernière avancée matinale par Lalucq. Il a désormais toutes les cartes en main pour trancher et dire ce qu'il en pense, alors que sa dernière parole publique – un tweet appelant au rassemblement autour de son fameux « cap clair » qui, à cette date, n'est pas encore devenu un mème sur Internet – remonte à mardi.

Glucksmann, qui a passé « quatre jours sans dormir », parle lentement, mais on le comprend vite : ce sera oui, il soutient l'accord. Tout en ne cachant pas ses regrets : « J'aurais voulu construire un pôle social-démocrate sur la base de notre succès aux européennes. Avoir enfin cette gauche humaniste proeuropéenne qui s'affirme, qui s'affirme sans la moindre compromission... » « Pourquoi ne l'avez-vous pas fait ? » l'interroge le journaliste Ali Baddou. « Mais parce qu'il a tout cassé, cet homme a tout cassé ! » enrage Glucksmann. « Il », c'est Emmanuel Macron : « Rien ne l'y obligeait, et il a plongé la France dans ce chaos. [...] Il a commis une faute immense dont il devra répondre devant l'histoire », critique Glucksmann dès les premières secondes de l'interview.

À quatre heures de la conférence de presse au cours de laquelle les figures du NFP vont présenter leur programme commun et à laquelle il ne se rendra pas, Glucksmann tente de toutes ses forces de convaincre qu'il a raison de participer à cette alliance des gauches, quoiqu'il ait dit de Jean-Luc Mélenchon et des Insoumis pendant la campagne : « La seule chose qui importe à mes yeux, c'est que le Rassemblement national ne gagne pas ces élections législatives. »

Sur le fond, il veut faire savoir qu'il a obtenu toutes les garanties qu'il espérait. Sa voix déraille légèrement de temps à autre, ses gestes des mains, théâtraux et un peu rigides, ponctuent chacune de ses phrases, dénotant comme son timbre une fébrilité et une émotion certaines. « Ça a été un rapport de force idéologique, ça a été dur. » Baddou l'interrompt, lui rappelle la violence antisémite à son encontre, les croix gammées taguées sur les affiches de sa campagne : « Vous avez tourné la page ? » Réponse, après un silence : « Je vais pas vous mentir, ça a été difficile. » Puis, quand un auditeur, « juif de gauche » comme lui, interroge son choix à son tour et parle de « crève-cœur », son regard se vide, ses yeux se mouillent. Glucksmann se reprend : « Je vais être le garant de ce qui a été écrit. »

À la mi-journée, le lieu où l'on cause, c'est la Maison de la chimie, dans le VIIe arrondissement de Paris. Ils sont presque tous là, à faire de grands gestes, à s'esclaffer, à se mélanger, à relâcher la pression. Épuisés mais contents. Face à la presse, à la tribune, Marine Tondelier, qui ne quitte plus sa veste verte, Manuel Bompard, Olivier Faure, Fabien Roussel se succèdent pour présenter quelques-unes des 150 mesures de l'accord. Aurore Lalucq prend à son tour la parole, le visage fermé : « On l'a fait parce qu'il le fallait. » La suite se déroule dans les jardins adjacents, où les figures du Nouveau Front populaire posent pour les photographes. « C'est le futur gouvernement ! » entend-on. Il faut dire que tout s'y prête, la photo d'équipe, le joli bâtiment et les quelques petites marches en arrière-plan. C'était voulu.

Raison de plus de se réjouir : réunis, juste avant, en conseil national, les cadres du PS ont validé l'accord à plus de 95 %, contre 62 % il y a deux ans pour l'alliance de la Nupes.

Grosse prise : c'est aussi ce jour-là qu'on apprend que l'ancien ministre de la Santé d'Emmanuel Macron, Aurélien Rousseau, sera candidat du Nouveau Front populaire pour Place publique dans l'ancienne circonscription de Michel Rocard, dans les Yvelines. Celui qui a été le directeur de cabinet de la Première ministre Élisabeth Borne, notamment durant la réforme des retraites, avait quitté le gouvernement après le vote de la loi immigration fin 2023. Il affrontera l'ancienne ministre Nadia Hai, originaire de Trappes.

Flottement au gouvernement

Si, aux négos sans fin à gauche, au vaudeville des Républicains, ou à l'ambiance sauve-qui-peut chez les députés macronistes, vous préférez Beckett, il vous faut imaginer à quoi ressemble la vie d'un ministère moins d'une semaine après l'annonce de la dissolution. Pas moins de 24 ministres, sur les 34 que compte le gouvernement, se sont déclarés candidats, et battent donc la campagne. Depuis la dissolution, l'exécutif ne gère plus que les affaires courantes, donnant naissance à quelques situations… cocasses, ou franchement désagréables. Déjà deux Conseils des ministres ont par exemple eu lieu, obligeant les membre du gouvernement en campagne à rentrer à Paris. À chaque fois – et ce sera le cas jusqu'au bout – le président est arrivé avec plus d'une heure de retard, rendant fous certains d'entre eux, pour qui les minutes sont comptées.

Et tout ça pour quoi ? Un ministre euphémise en commentant au téléphone avec nous ses activités du moment :

« C'est un exercice un peu particulier, on parle de l'avenir en sachant très bien que tout ça est soumis au résultat des urnes… » Ainsi l'avenir de la réforme de l'assurance chômage, tant défendue par Gabriel Attal, semble-t-il fort brumeux. Le séminaire gouvernemental sur Mayotte prévu jeudi dernier ? Annulé (le Premier ministre en a profité pour faire son premier déplacement aux côtés d'un candidat de la majorité sortante dans le Pas-de-Calais).

Mercredi, après la conférence de presse d'Emmanuel Macron, le cabinet de la secrétaire d'État au Numérique, Marina Ferrari, refusait de répondre à nos interrogations sur sa proposition d'interdire les portables aux enfants de moins de 11 ans. Au motif que l'idée émane… « d'un candidat » (on a connu formulation plus respectueuse pour qualifier le président de la République, par ailleurs pas le moins du monde candidat aux législatives). Au même moment, l'équipe de Roland Lescure, qui détient le portefeuille de l'Énergie, acceptait à l'inverse d'éclairer notre lanterne sur les 14 nouveaux réacteurs nucléaires voulus par le président.

Symbole de ce flottement, de cette perte de sens : le ministre de tutelle de Lescure et Ferrari, justement, ne s'affichait pas bien en forme, mercredi, dans *Le Figaro*. Après sept ans à la tête de Bercy, Bruno Le Maire ne cache plus que son avenir politique « s'écrira différemment » et dit ouvertement son sentiment que « tout fout le camp », que « le pays fout le camp ». En bref, ça « faseye », comme l'a dit le président au Palais Cambon. Et notamment, d'ailleurs, sur les marchés financiers, que l'on surveille comme le lait sur le feu ces jours-ci à Bercy. Les taux d'emprunt se sont envolés au lendemain de la dissolution et continuent d'augmenter ce jeudi, l'écart avec l'Allemagne atteignant son plus haut depuis 2017, d'après la presse économique. Les papiers des analystes financiers et des agences de notation menaçant de déclasser la note de la France se multiplient. Pas de quoi faire douter Emmanuel Macron qui, en déplacement ce jour en Italie, où il participe au G7, y voit au contraire l'occasion de taper sur le RN et le NFP, répétant ce qu'il a déjà dit lors de sa conférence de presse : cette instabilité « donne un avant-goût de ce que serait l'avènement de programmes économiques totalement irréalistes ».

SAMEDI 15 JUIN

Surprise, surprise

Il n'a pas fallu longtemps pour remiser au placard l'enthousiasme de l'accord du NFP. Quelques heures à peine après les effusions de la Maison de la chimie, hier, juste avant… minuit, LFI publiait sa liste de candidats investis. Sans aucune trace, comme l'avait anticipé une de nos sources, de cinq députés sortants, dont plusieurs historiques du mouvement : Alexis Corbière, Raquel Garrido, Danielle Simonnet, Hendrik Davi (le proche de Clémentine Autain qui, elle, comme prévu, est épargnée) et Frédéric Mathieu, député d'Ille-et-Vilaine.

Les partenaires de l'accord n'ont pas vu venir la foudre mélenchonienne : en principe, tous les sortants auraient dû être réinvestis, sauf cas particulier, comme celui d'Adrien Quatennens.

L'éviction brutale des cinq Insoumis, coupables d'avoir osé émettre quelques critiques à l'endroit du Chef, notamment sur le manque de culture démocratique au sein du parti – autant dire : d'avoir commis l'irréparable –, provoque sans surprise ce matin un « déferlement » de messages dans les boucles WhatsApp des partenaires, nous rapporte un proche d'Olivier Faure. « La première réaction, c'est de dire : quel grand gâchis. On n'a pas le temps de faire vivre cet aboutissement que l'ombre de Mélenchon revient », se remémorera plus tard un socialiste. Des SMS sont échangés entre des Écologistes et certains cadres LFI. En substance : « Ça fait chier, ça va nourrir le truc clanique, alors qu'on parle de rassemblement. » La secrétaire nationale des Verts, Marine Tondelier, ne dit pas autre chose ce matin sur France 2 : « Je pense que c'est une purge. C'est une erreur et je pense que c'est assez ridicule, par ailleurs, au vu des enjeux qui sont les nôtres. »

Sur X, François Ruffin, bien qu'épargné lui aussi, dénonce une « mauvaise farce » qui « ne coûtera qu'à ses auteurs ». « Notre démocratie mérite mieux que vous », poursuit celui qui a été investi en tant que « candidat d'ouverture », via son micro parti Picardie debout. Quelques heures après s'être affichée avec les purgés, dans l'après-midi, à l'occasion d'une manifestation parisienne contre l'extrême droite, Autain dit sa « colère » dans une interview à *Libération*[1], histoire d'être sûre que le message passe. D'autres Insoumis lui emboîtent le pas publiquement : les députés sortants Pascale Martin et Loïc Prud'homme, et l'eurodéputée Leïla Chaibi, qui dit « sa honte ».

Et alors ? Ceux-là « ont empoisonné la vie du groupe [LFI] pendant 2 ans » justifiera dans quelques jours Sophia Chikirou dans une boucle interne des Insoumis, reprochant à Simonnet d'être « au service de [leurs] chers alliés, les autres

1. Mathis Hardouin, « Clémentine Autain dénonce la "purge" à LFI en vue des législatives : "Irresponsable et consternant" », *Libération*, 15 juin 2024.

partis [de gauche] ». « Chaque organisation est responsable des investitures qu'elle accorde », maintient LFI aujourd'hui dans un communiqué en fin d'après-midi. Dans une interview à *20 Minutes*, Jean-Luc Mélenchon, pas ennuyé pour un sou, ajoute que « les investitures à vie n'existent pas », mais que « la cohérence politique et la loyauté [sont] une exigence ».

Tant qu'on y est : dans le même entretien, Méluche, pas à une provocation près, affirme aussi que trois de ses très proches, Manuel Bompard, Mathilde Panot et Clémence Guetté, sont davantage « au niveau » que ne l'était Léon Blum (oui, celui-là même) quand ce dernier est devenu chef du gouvernement en 1936. Il faut dire qu'eux, au moins, n'ont jamais dévié de la ligne, jamais chiffonné le fondateur des Insoumis. « Il était critique d'art et dirigeant marxiste du PS », précise JLM, au mépris d'une réalité historique que chercheurs et adversaires politiques se feront fort de lui rappeler dans la journée (non seulement Blum n'était pas marxiste, mais il était déjà très expérimenté lorsqu'il est devenu Premier ministre du Front populaire, fait notamment remarquer le politologue Frédéric Sawicki).

La surprise de l'Ex

Si les socialistes s'agacent des trahisons de leurs alliés Insoumis, ils ont leur propre lot de surprises, à l'heure de boucler leurs listes. Et l'une est de taille. Ainsi, Olivier Faure, interrogé par BFM TV, doit-il réagir au beau milieu du défilé parisien du jour, à l'annonce inattendue de la candidature en Corrèze de… François Hollande. « Je n'étais pas au courant. J'en prends acte », commente le premier secrétaire, l'air impassible avec son imper noir sur les épaules. Et de se féliciter, non sans une pointe d'ironie, que l'ancien président – dont il fut le directeur adjoint de cabinet rue de Solférino et qui, ces dernières années, n'a pas eu de mots assez durs sur ses choix stratégiques – « adhère au projet » du NFP (il l'a dit jeudi soir sur TF1, souvenez-vous). En réalité, Faure le sait depuis ce matin. Il avait d'ailleurs prévenu les siens en postant un message dans une boucle interne : « Hollande va annoncer dans *La Montagne* qu'il est candidat. » Mais autant souligner la bassesse de l'ancien président, qui ne l'a pas prévenu.

« Si j'ai pris cette décision, c'est parce que la situation est grave, plus qu'elle ne l'a jamais été », justifie Hollande ce samedi après-midi lors d'un point presse, à micros tendus, au milieu de sa ville de Tulle.

C'est bien sûr aussi à cause de ses relations détestables avec Faure que l'annonce a été tenue secrète jusqu'au dernier moment. L'ancien président a été filou : la méfiance du patron du PS étant endormie – le parti pensait attribuer la 1re circo corrézienne à Bernard Combes, très proche de l'ex-chef de l'État –, il consultait discrètement un petit cercle de proches depuis une semaine, parmi lesquels son ancien communicant Gaspard Gantzer et l'ex-patron du PS Jean-Christophe Cambadélis, tout en s'accordant secrètement avec le faux candidat.

Ainsi le PS, une fois l'annonce faite publiquement par Hollande lui-même, commence-t-il par faire savoir qu'il n'a « pas investi » l'ancien locataire de l'Élysée. Avant que la fédération de Corrèze, dans le coup, n'adoube l'ancien président via un communiqué sur X, coinçant Faure qui, à quelques heures de la fin légale du dépôt des candidatures, n'a plus qu'à approuver (on vous a déjà dit que François Hollande avait du métier ?).

Un travail d'impro

Pour rester dans la course face au RN et au Nouveau Front populaire, et après quelques jours passés par son équipe à plancher sur un programme, Gabriel Attal s'invite ce soir au 20 heures de France 2 afin de dévoiler six mesures en faveur du pouvoir d'achat. Entre autres, une baisse de 15 % des factures d'électricité « dès l'hiver prochain » ; une complémentaire santé « publique » à 1 euro par jour ; l'exonération des frais de notaire jusqu'à 250 000 euros, pour les primo-accédants de la classe moyenne ; l'augmentation de la « prime Macron » de 6 000 à 10 000 euros ; une taxe sur les rachats d'actions destinée à financer un « fonds de rénovation énergétique » pour les classes « moyennes et populaires ».

De jolis cadeaux dont son cabinet assure qu'ils étaient tous déjà « dans les tuyaux » ou qu'ils sont « financés » (comprenez : on prévoit de les compenser budgétairement) et qui doivent servir de mise en bouche d'ici à la présentation d'un programme plus complet annoncée par ses équipes pour le début de semaine prochaine. Ce qui n'empêche pas le Premier ministre de brandir ce nouveau slogan : « Gagner plus et dépenser moins. »

En plus de son conseiller au fond Rayan Nezzar, le directeur de cabinet de Gabriel Attal, Emmanuel Moulin, a bien sûr jeté un œil au programme, au cours de sa conception express, de même que d'autres dircabs ministériels ont été sondés. À l'Élysée, les conseillères Constance Bensussan et Claire Le Deuff sont mises dans la boucle, avec le secrétaire général Alexis Kohler, bien évidemment. Mais la petite équipe autour du Premier ministre ne s'en cache pas : le programme est pensé par et pour la « personnalité qui porte la campagne » avant tout.

François Bayrou mettra pourtant en garde, dimanche 16 juin sur LCI, contre la « course à l'échalote » programmatique. Le patron du MoDem appelle son camp à « incarner » un « nouvel équilibre à trouver dans les finances publiques ». « Moins on fait de promesses, mieux c'est », plaidera-t-il.

En réalité, Attal, comme une bonne partie des lieutenants macronistes, a été surpris de constater dès dimanche dernier que la campagne n'a pas été préparée sur le plan programmatique. « Il n'y avait pas de message, pas d'axes », se désolera a posteriori un député de premier plan auprès de nous. D'autant plus surprenant que l'entourage présidentiel prétendait avoir « la maîtrise de l'agenda ». « Gabriel a rempli le vide », conclura le même.

DIMANCHE 16 JUIN

Ça pique

Depuis dimanche dernier, Nicolas Sarkozy ne décolère pas contre une décision qu'il juge inepte et qui a été prise, cela va sans dire, sans qu'il soit consulté. Il en a parlé à son ancienne équipe, cette semaine, au cours d'un déjeuner. Emmanuel Macron est « fou », dit-il. Le 8 juin, il a vu deux fois le président à l'occasion des cérémonies à l'Arc de triomphe puis à l'Élysée lors du dîner d'État organisé en l'honneur de Joe Biden, venu célébrer les quatre-vingts ans du Débarquement. Il lui a trouvé les « yeux exorbités » et a senti qu'il préparait « un coup », écrira *L'Opinion*[1]. Sarkozy a surtout trouvé son successeur fuyant, nous rapporte-t-on, car il lui semblait louche qu'à la veille des européennes il ne lui réserve pas d'aparté pour évoquer la situation, comme d'habitude. Et puis il y a eu cette petite phrase, inouïe. Au moment de le raccompagner à sa voiture, le président lui a lâché : « On va bien se marrer demain[2] ». Cela a estomaqué

1. Corinne Lhaik, « Sarkozy et le regard d'Emmanuel Macron », *L'Opinion*, 25 juillet 2024.

2. Marion Cocquet (avec Mathilde Siraud), « Emmanuel Macron sur le divan : qu'en disent les psys et ses proches ? », *Le Point*, 27 juin 2024.

« Sarko », sans qu'il comprenne vraiment, nous confiera un proche, tant la décision de dissoudre lui paraît, à ce stade, inconcevable.

Il faut dire que ces commémorations majestueuses en souvenir du D-Day, qui s'inscrivaient dans le contexte de la guerre en Ukraine et des menaces populistes en France comme aux États-Unis, ont offert un moment de respiration inespéré au président, à l'avant-veille des européennes. À quoi a-t-il pensé lorsque son homologue américain, levant son verre à la table somptueuse dressée pour lui à l'Élysée, où étaient assis tant de grands (patrons) de ce monde, a déclaré : « Nous sommes à un point de bascule de notre histoire. Les décisions que nous allons prendre maintenant vont déterminer l'avenir pour des décennies[1] » ?

« Je pense que les commémorations du 6 juin l'ont rendu ivre de lui-même, cingle un ancien proche d'Emmanuel Macron auprès de nous. Ça se voit sur les images. L'anticlimax l'a saisi au plus vif. »

Mais quitte à repartir en campagne, Sarkozy a une conviction : il faut cesser de parler « d'extrême droite » à propos du Rassemblement national, car on ne fait que pousser plus d'électeurs dans les bras du parti de Marine Le Pen. Alors il passe ses messages en version policée ce matin dans *Le Journal du dimanche* (Vincent Bolloré est un ami), qui lui offre sa une : « Donner la parole au peuple français pour justifier la dissolution est un argument curieux puisque c'est précisément ce que venaient de faire plus de 25 millions

1. Ariane Chemin, « À l'Élysée, autour de Macron et Biden, le dernier dîner avant la débâcle », *Le Monde*, 4 juillet 2024.

de Français dans les urnes ! » « La dissolution constitue un risque majeur » pour un pays « déjà fracturé », elle « peut le plonger dans un chaos dont il aura les plus grandes difficultés à sortir », déclare-t-il. Ou encore : « On ne peut pas vouloir donner la parole aux Français et en disqualifier certains par avance. »

N'allez pas croire pour autant que l'ancien président voit d'un bon œil le choix de son ancien soutien Éric Ciotti. Taquin, le très à droite hebdo dominical a d'ailleurs aussi choisi de donner la parole au (toujours) président des Républicains, qui explique en page 6[1] pourquoi il a décidé de s'associer au RN et balance sur les « alliances souterraines » supposées contre ses candidats. Des alliances qui se formeraient, affirme-t-il, « entre certains chapeaux à plume de droite, sous l'autorité de Gérard Larcher, et la garde rapprochée d'Emmanuel Macron ». Qu'importent les accusations, Ciotti fait un calcul suicidaire, pour Sarkozy, qui cingle : « Être le supplétif du RN n'est pas une ambition mais un constat de renoncement. »

Le cas Quatennens

Là encore, ce n'était pas prévu. La presse est prévenue à 7 h 43 ce matin par le service de presse de LFI qu'Adrien Quatennens « va prendre la parole depuis son local de campagne à 9 heures », à Lille. La pression des alliés du NFP

1. Jules Torres, « Éric Ciotti : la majorité des militants me soutient », *Le Journal du Dimanche*, 16 juin 2024.

a-t-elle eu raison de sa détermination ? D'après une de nos sources internes, le député sortant a reçu des appels de camarades du parti cette nuit jusqu'à 4 heures pour le pousser à se retirer. S'il a résisté, c'est que Jean-Luc Mélenchon lui-même, Sophia Chikirou et Paul Vannier, se sont « complètement opposés » à son désistement – sans surprise, puisqu'ils le défendent de longue date. Le premier n'a pas hésité à menacer ceux qui s'étaient opposés ces derniers jours à l'investiture de Quatennens, leur textotant, en substance : « S'il n'est pas candidat, toi non plus », « Est-ce que tu as les reins assez solides pour affronter une dissidence ? » Malgré tout, beaucoup doutent encore de ce qu'ils s'apprêtent à dire.

Le député sortant, la gorge serrée et les larmes aux yeux, annoncera finalement aux alentours de 9 heures, entouré de sa garde rapprochée, retirer sa candidature aux législatives, au motif que celle-ci pourrait nuire à la campagne « dans un moment où toute l'énergie doit être utilisée pour battre l'extrême droite ». Il sera remplacé, dans la 1re circonscription du Nord, par l'un de ses proches, le coanimateur des Jeunes Insoumis, Aurélien Le Coq, qui en est le premier surpris.

S'il s'émeut de cette annonce, Jean-Luc Mélenchon, invité de France 3 ce dimanche, s'abstient officiellement de s'en prendre à ceux qui ont eu la tête de son protégé et déclare sobrement – tout est relatif – que « cet homme est au-dessus de la moyenne ». Ne cachant pas sa « douleur », il précise tout de même qu'il se tait pour ne pas « risquer de prononcer des mots » qui pourraient lui être reprochés.

C'est notable : manifestement décidé à terminer le week-end sur une meilleure note après le scandale des purgés, « Méluche » la joue aujourd'hui profil bas aussi sur son avenir personnel : « Si vous pensez que je ne dois pas être Premier ministre, je ne le serai pas », déclare-t-il, assurant que « c'est aux partis politiques qui constituent la coalition » de gauche de « prendre la bonne décision ».

Accords et désaccords

Aux alentours de 21 h 30 ce soir, soit à moins de trois heures du démarrage de la campagne officielle (oui, cela ne fait qu'une semaine…), Emmanuel Macron réunit encore autour de lui les chefs des partis alliés de la majorité, quelques ministres de premier plan (Rachida Dati, Gérald Darmanin, Bruno Le Maire…) et la présidente de l'Assemblée nationale, Yaël Braun-Pivet. Au menu, selon un participant : la stratégie et quelques commentaires sur les grandes lignes du programme défloré par Gabriel Attal samedi (les participants s'accorderont notamment sur le fait qu'ils entendent être le camp du « sérieux budgétaire »). La stratégie peut se résumer en deux mots, énoncés par le chef de l'État : « vote utile ». Pour que les Français « n'aient pas à choisir qu'entre l'extrême droite et l'extrême gauche » au premier tour des élections législatives, nous détaillera un présent.

C'est une nouvelle enquête d'opinion, pas encore publique, qui leur inspire ces mots et cette stratégie : l'institut OpinionWay, qui a sondé quelques Français en cette fin de semaine, estime qu'en cas de duel au second tour contre le RN, contrairement à l'idée reçue, les candidats du bloc central ne feraient pas moins bien que la gauche. En fait, ils feraient beaucoup mieux, d'après l'enquête. Les Français seraient 44 % à voter pour un candidat macroniste contre 36 % pour le représentant du RN. À l'inverse, en cas de duel entre le RN et un candidat du NFP, 41 % choisiraient le candidat de Jordan Bardella, celui de gauche étant préféré par 34 % de Français à ce stade de la campagne. « Cela ne reflète pas vraiment le récit médiatique dominant qui organise un match gauche/RN, comme si le centre n'était même plus une option », enfoncera l'essayiste Chloé Morin, mercredi 19 juin, dans un article de *L'Opinion* néanmoins titré « Le RN peut emporter la majorité absolue ». « Les sondages indiquent que les candidats de gauche sont d'excellents candidats de premier tour, mais de piètres candidats de second tour », expliquera-t-elle encore, établissant toutefois une distinction entre les socialistes et les Insoumis. À ses yeux, le risque qu'encourt essentiellement le camp présidentiel : que les électeurs « modérés » ne se déplacent pas. C'est donc plus convaincu que jamais que ses candidats sont le meilleur rempart contre le RN que l'état-major macroniste décide d'appeler au « vote utile » dès le premier tour.

Sauf que dans le même temps, pour le cas où les représentants du bloc central ne seraient justement pas les meilleurs, les macronistes revendiquent de soutenir le candidat républicain le mieux placé contre « les extrêmes », quitte à sacrifier quelques-uns des leurs. Dit autrement : la majorité sortante, en danger d'extrême rétrécissement, a tâché en coulisses depuis une semaine de ménager quelques adversaires dans l'espoir d'élargir sa future assise à l'Assemblée. À présent que les candidatures sont déposées, elle officialise : elle a renoncé à présenter des candidats dans une soixantaine de circonscriptions », nous annonce l'Élysée ce soir, dans la droite ligne de ce qu'avait déclaré Stéphane Séjourné le 9 juin. Précisément, on trouvera 72 fois la mention « réservé arc républicain » dans la liste des investis de la coalition Ensemble, à paraître. « Quand on est bien placé parmi les forces républicaines on y va, quand c'est pas le cas ou qu'il y a un péril, on laisse d'autres » explique le participant à la réunion élyséenne d'hier soir cité plus haut. « On n'a pas de visée hégémonique », complète le même (le contraire serait… ambitieux, si l'on peut se permettre).

Parmi ceux qui ont eu à travailler sur la liste des investis de Renaissance et du MoDem – Horizons ayant fait bande à part, comme on l'a vu – on nous précise que Gabriel Attal en personne et son entourage ont été particulièrement vigilants à ce que cette stratégie soit appliquée : « On a eu une pression de maboule pour ne pas présenter de candidat de la majorité présidentielle dans certaines circos où la droite ou la gauche avaient des chances de l'emporter, y compris certaines où le RN n'avait pourtant aucune chance… » nous confie un acteur des négociations. L'objectif, donc ? N'insulter aucun avenir, en faisant une fleur à de futurs alliés potentiels.

C'est d'autant plus nécessaire que les macronistes ne parviendront dans l'urgence à passer qu'une poignée d'accords formels avec les Républicains, dont le plus remarqué, négocié par le Premier ministre en personne, avec la fédération LR des Hauts-de-Seine, dirigée par le très macron-compatible Philippe Juvin. Il permet notamment à Gabriel Attal, Stéphane Séjourné ou encore à la porte-parole du gouvernement Prisca Thevenot de ne pas avoir de candidat

LR face à eux dans leurs circonscriptions respectives. Un élu LR, Jean-Didier Berger, récupère certes dans la tambouille une circonscription laissée par le MoDem Jean-Louis Bourlanges. Mais ledit accord, passé au niveau local, fera monter la moutarde au nez de la nouvelle direction des Républicains, pas ravie de cette entorse à sa ligne d'indépendance revendiquée, qui donne du crédit aux accusations lancées par Éric Ciotti dans le *JDD*. Outre ce département où droite et Macronie règnent en maîtres, les deux camps s'épargneront aussi dans plusieurs circonscriptions du Val-de-Marne, comme celle tenue par la LFI Rachel Keke, où le LR Vincent Jeanbrun sera laissé sans adversaire centriste.

À gauche, Jérôme Guedj, candidat socialiste mais pas sous la bannière du NFP qu'il a refusée (très critique de Jean-Luc Mélenchon, de sa stratégie du « chahut » à l'Assemblée et, surtout, des ambiguïtés insoumises sur la question de l'antisémitisme, il se retrouve avec une adversaire Insoumise en la personne de son ex-suppléante, Hella Kribi-Romdhane), se voit aussi libre de toute concurrence macroniste – ce qui lui vaudra de répéter pendant sa campagne qu'il n'a « conclu aucun accord avec Macron ».

Pas d'adversaire macroniste non plus pour François Hollande en Corrèze. Mais qu'on n'aille pas croire que le prédécesseur d'Emmanuel Macron a les faveurs du bloc central dans sa circonscription. « Ah non ! » s'exclamera Gabriel Attal demain matin sur RTL. Le président l'a décidé : pas de soutien à ce vulgaire allié des Insoumis. Les macronistes soutiendront donc le candidat LR Francis Dubois. Quelques autres députés de droite sont également préservés : les sortantes Michèle Tabarot (présidente de la commission d'investiture, qu'Éric Ciotti a tenté en vain de démettre de ses fonctions, on l'a vu), Virginie Duby-Muller (une macron-compatible), Nicolas Forissier (un autre macron-compatible) ou encore Julien Dive (un proche du président de la région Hauts-de-France, Xavier Bertrand). Sait-on jamais !

Casting pour casse-pipe

Jusqu'au bout, la majorité présidentielle aura subi le manque de préparation de la campagne. Un signe qui ne trompe pas : le nombre de circonscriptions dont on ne connaît toujours pas officiellement le candidat, alors que les dossiers de candidatures devaient être déposés en préfecture avant ce soir 18 heures. L'une d'entre elles en particulier a donné du fil à retordre aux macronistes, et pour cause : la 11e du Pas-de-Calais, celle tenue par Marine Le Pen depuis 2017.

Le parti recherche toujours son champion pour porter ses couleurs dans ce bastion du RN. Des recruteurs légèrement en panique ont ainsi sollicité plusieurs personnalités, qui ont toutes décliné, a-t-on ouï dire. On parle du porte-parole Loïc Signor, qui cherche une piste d'atterrissage, ou du président des Jeunes avec Macron, Ambroise Méjean. L'avocate médiatique Rachel Flore a aussi été envisagée. Samedi, c'était sa consœur Najwa El Haïté, ancienne élue d'Évry, qui refusait. « Ils ont insisté plus que lourdement », nous rapportait l'un de ses proches, atterré que « la Macronie balance une nana quand aucun mec veut y aller ». Dans l'entourage de l'avocate, on dit même avoir soufflé à Antoine Pavamani, conseiller du Premier ministre chargé de l'approche, le nom d'Éric Dupond-Moretti. On vous le disait : plutôt envisagé pour ferrailler à Nice contre Éric Ciotti, le garde des Sceaux a finalement laissé la place à Graig Monetti, adjoint au maire Christian Estrosi et déjà candidat il y a deux ans. On parle aussi de la ministre Agnès Pannier-Runacher, qui héritera finalement d'une circonscription bien plus gagnable dans le Pas-de-Calais.

À force d'insistance, nous finissons par apprendre auprès de l'équipe de campagne que le parti présidentiel soutiendra un candidat UDI (parti allié de la majorité), Dorian Lamy. Une pensée pour la candidate Renaissance de 2022, Alexandrine Pintus, prête à rempiler mais jamais rappelée, comme elle l'a raconté à *La Voix du Nord*[1]. « On s'est retrouvés à investir un partenaire, sans même avoir appelé l'ancienne candidate, parce qu'on a essayé, sans succès, de trouver un combat plus médiatique à Hénin… » nous expliquera plus tard un membre de l'équipe de campagne, dans ses petits souliers.

Sugar Dati

Elle, à l'inverse, a pris les choses en main. Sans doute lassée de voir divers ministres et conseillers à peine sortis de l'œuf essayer de récupérer sa belle circonscription, toute la

1. Pierre-Louis Curabet-Pawlak, « Législatives à Hénin-Carvin : la majorité présidentielle avait une candidate, mais ne l'a pas investie », *La Voix du Nord*, 16 juin 2024.

semaine, Rachida Dati s'est échinée à imposer *son* candidat chez elle, dans la 2e circonscription de Paris, où trône *sa* mairie du VIIe arrondissement. Et tant pis pour le sortant macroniste, Gilles Le Gendre qui, n'écoutant que son courage – ou son inconscience, c'est selon – a lui-même ciblé, hier soir sur BFM TV, la responsabilité de la ministre de la Culture. Sa bourgeoisissime circonscription risque de passer entre les mains du Nouveau Front populaire, a-t-il prévenu (diantre !), à cause des manigances de celle qui ne songe qu'à préparer les municipales de 2026.

En attente de son investiture, l'ancien président du groupe La République en marche à l'Assemblée nationale a en effet été supplanté en fin de semaine par Jean Laussucq. Et tant pis si Emmanuel Macron regrette vivement que sa ministre de la Culture ne se présente pas elle-même – « Il attendait que les poids lourds y aillent, il ne pardonne pas à ceux qui ne sont pas allés au combat », nous glissera ainsi une membre du gouvernement.

Laussucq, conseiller de Paris, était surtout numéro 2 de la liste de Dati aux municipales de 2020. Un proche, donc. Mais Le Gendre maintient sa candidature et le flou sur ses intentions au soir du 7 juillet, s'il était réélu (siégera-t-il toujours avec Renaissance ?). Il se félicite, sur X, du soutien de figures de la Macronie d'antan, comme le cofondateur d'En marche Philippe Grangeon, un proche d'Emmanuel Macron – qui ne pense, on le verra plus tard, que du mal de la décision d'Emmanuel Macron de dissoudre – ou l'ex-ministre de la Santé Agnès Buzyn. Même l'ancien président de l'Assemblée Richard Ferrand se fendra d'une vidéo de soutien avant le premier tour.

LUNDI 17 JUIN

À vos tracts, prêts…

Les chefs de la gauche ont rendez-vous ce soir pour un premier grand meeting en plein air, dans la joie et les divisions, sur la place Jean-Jaurès de Montreuil, en Seine-Saint-Denis (département dont les douze circonscriptions ont été remportées par la gauche en 2022). Le raout, où s'afficheront aussi les patronnes de la CFDT et de la CGT, Marylise Léon et Sophie Binet, ou encore le fondateur de Mediapart Edwy Plenel, est organisé notamment à l'appel de l'économiste Julia Cagé, qui entend impliquer la « société civile » dans la campagne de la gauche.

Sauf que justement, la gauche se déchire dans le 9-3, qui inclut les fiefs de deux des cinq « purgés » insoumis : en l'occurrence, le couple Alexis Corbière-Raquel Garrido.

Autant dire que la tension est palpable, malgré la présence des principales têtes d'affiche. Marine Tondelier et Olivier Faure sont sur scène, protégés de la pluie battante par une toile. François Ruffin, lui, a affiché une moue sceptique (repérée par les cameramen) pendant la prise de parole de Rima Hassan – figure de la campagne européenne des Insoumis et militante controversée de la cause palestinienne.

Il lâche, une fois au micro, une phrase destinée à ne pas passer inaperçue : « Ici, ce que vous appelez une élection, c'est en fait une primaire de la gauche. » Et le député LFI sortant de la Somme d'apporter son « plein soutien à [s]on camarade et ami » Corbière.

« Face au rouleau compresseur Jean-Luc Mélenchon/appareil LFI, Ruffin n'a pas le choix » : il doit se démarquer des mélenchonistes et « franchir un cap », nous débriefe un stratège du NFP après le meeting. Ledit appareil assume d'ailleurs toujours sa décision. Preuve en est, s'il en fallait une : Mathilde Panot, l'ex-présidente du groupe LFI à l'Assemblée, n'est-elle pas venue à Montreuil accompagnée de Sabrina Ali Benali, « la candidate unique » du Nouveau Front populaire contre Corbière ?

Il en est un qui a brillé par son absence à Montreuil : si Raphaël Glucksmann s'est résolu à soutenir l'alliance, pas question pour lui d'aller s'afficher sur scène dans des meetings unitaires aux côtés des cadres de LFI, avec qui il est en guerre ouverte. Il entrera dans la campagne mais par des déplacements de terrain, en soutien aux candidats investis par Place publique, son parti, ou par le PS, nous annonce son entourage.

Ciotti en voie d'expulsion

Pendant ce temps, à l'intérieur du périph, les ténors de LR, forcés de constater qu'Éric Ciotti n'a pas la moindre intention de céder à leur pression, lancent une nouvelle initiative (si), ce lundi, pour tenter de l'évincer de la direction du parti.

Ils espèrent que celle-ci sera plus solide au plan juridique que les précédentes, nous confie une source interne. Le tribunal judiciaire de Paris, saisi en référé (dans l'urgence) a en effet suspendu vendredi l'exclusion de Ciotti de LR – décidée lors de deux bureaux politiques réunis par les cadres du mouvement la semaine dernière. Le président des Républicains s'est bien sûr félicité de la décision, auprès de l'AFP.

Pas résignés pour autant, les anticiottistes (dont Laurent Wauquiez, Annie Genevard, Bruno Retailleau), qui font valoir que la justice ne s'est pas prononcée sur le fond du dossier à ce stade, ont réuni ce jour les signatures de 700 membres du conseil national de LR, un nombre plus que suffisant en théorie pour demander au président théorique de LR, en vertu de l'article 24.3 des statuts, de convoquer un bureau politique qui aurait une nouvelle fois pour objet de l'exclure. La demande sera envoyée dès demain. Le député des Alpes-Maritimes aura ensuite huit jours pour convoquer le « BP », comme on dit dans le jargon. Ce qui laisse espérer qu'il pourrait être destitué la semaine prochaine, avant le premier tour, permettant de « clarifier une situation ubuesque », selon les mots d'un conseiller LR. Les manœuvriers espèrent par la même occasion éviter tout risque de confusion pour les électeurs entre les candidats soutenant l'alliance avec le RN (dans 62 circonscriptions) et les autres (près de 400).

Et si Ciotti conteste ? Les artisans du putsch n'ont pas peur : la justice nommera, disent-ils, un administrateur qui forcera la tenue de ce bureau politique tant attendu.

Les mêmes ont d'ailleurs accueilli avec gourmandise, ces derniers jours, les échos qui nous parviennent sur les premières tensions entre Éric Ciotti et Jordan Bardella. Selon *Nice-Matin*[1], le premier aurait en effet vivement sermonné le second lors d'un déjeuner en tête-à-tête mercredi dernier. La raison ? Une seule députée sortante a emboîté le pas du Niçois, l'élue des Alpes-Maritimes Christelle D'Intorni, une fidèle de Ciotti. Et encore, son ralliement ne surprendra personne au RN : « C'était évident. Elle était très proche de nous idéologiquement », résumera la députée RN des Alpes-Maritimes Alexandra Masson auprès de nous. C'est donc beaucoup, beaucoup moins que ce qu'il avait fait miroiter aux lepénistes. Les soixante autres ? « Une bande de tocards », aurait lâché le président du RN, nous rapporte-t-on même à LR avec un brin de gourmandise.

Bardella revoit (encore) sa copie

Entre Éric Ciotti et Jordan Bardella, les frottements touchent aussi au programme. Invité du 20 heures de France 2, le député des Alpes-Maritimes n'a pas hésité ce soir à marquer sa différence avec le président du RN sur la question ô combien symbolique de la réforme des retraites, que lui avait soutenue au Parlement. « Il n'est pas dit que la réforme des retraites sera abrogée » a déclaré le toujours président de LR. Manque de chance : quelques minutes plus tard, Jordan Bardella annonce dans *Le Parisien* que cette même réforme sera bien… « abrogée à partir de l'automne »

1. Stéphanie Gasiglia, « Quel avenir pour Éric Ciotti au Département des Alpes-Maritimes ? », *Nice-Matin*, 14 juin 2024.

(sic). Qui a tort ? Qui a raison ? « La ligne est fixée par Jordan Bardella », recadre dans la foulée un proche de ce dernier que nous contactons.

La ligne du RN sur la question de la « mère des réformes », comme on l'appelle, est décidément flottante. Une semaine après avoir affirmé que l'abrogation de la réforme d'Élisabeth Borne n'est pas urgente (« Nous verrons dans un second temps », a-t-il dit, souvenez-vous), c'est re-oui pour l'abrogation à la rentrée, en ce lundi, et la réforme à la sauce RN (celle défendue depuis 2022) est renvoyée à un an plus tard.

Pour ce qui est du reste de ses propositions, Jordan Bardella établit toujours un distinguo entre les mesures qui relèvent de l'urgence et les réformes qui seraient engagées à l'automne. Pour gagner du temps et ne pas avoir à répondre à toutes les interrogations, il annonce aussi – c'est un classique – que l'une de ses premières décisions serait de lancer un « audit des comptes de l'État » dont il « tiendra compte » pour définir son calendrier de réformes. « Je ne vendrai pas aux Français des mesures pour faire plaisir », ajoute-t-il. « On n'a rien abandonné pour l'instant, mais ça ne veut pas dire que tout sera mis en œuvre. Ce programme était pensé pour la présidentielle, avec un président de la République RN… », justifie Renaud Labaye.

Cas pratique avec une autre mesure phare du RN en matière de pouvoir d'achat : si Bardella confirme vouloir baisser la TVA à 5,5 % sur les énergies et le carburant, la suppression très coûteuse de cette même taxe sur les produits de première nécessité, défendue par Marine Le Pen depuis plusieurs années, sera établie « dans un second temps », décidément une expression en vogue à la Capitainerie.

Autre annonce du président du RN, qui fait une différence majeure, toujours dans *Le Parisien* : Bardella prévient qu'il aura besoin d'une majorité absolue « pour gouverner ». Traduction : il n'acceptera pas d'aller à Matignon en cas de majorité relative pour lui et Ciotti (la majorité absolue est à 289 députés). Pas question pour le parti à la flamme qui, *a priori*, ne disposera que de peu d'alliés potentiels dans l'hémicycle, de se retrouver à la tête d'un gouvernement à la merci des députés et d'une éventuelle motion de censure. La déclaration, publique, fait écho à un message déjà transmis « off the record » par Marine Le Pen à l'Élysée la semaine dernière, et révélé par *L'Express*[1] : « Si j'ai 240 députés, je n'accepterai pas le pouvoir », a prévenu la triple candidate à la présidentielle.

Le but, naturellement, est de mobiliser son électorat. Mais une question se pose sérieusement en interne : que faire si les lepénistes se retrouvent avec 270 ou 280 députés, soit juste un peu moins que la majorité absolue ? Sera-t-il décemment possible de refuser de gouverner ? Comment les électeurs du RN pourraient-ils le comprendre ? Philippe Olivier, plume et beau-frère de Marine Le Pen, est de ceux qui plaident en faveur d'une ligne dure (soit : une majorité absolue sinon rien) : « Il faut que les Français soient cohérents », explique-t-il, interrogé par nos soins, refusant par avance que le RN se retrouve dans la main de quelques députés et soit obligé de s'adonner à des « bricolages » à l'Assemblée.

1. Laureline Dupont et Éric Mandonnet, « SMS, notes confidentielles, estimations secrètes… Emmanuel Macron gagné par la peur », *L'Express*, 14 juin 2024.

Huit jours après l'annonce de la dissolution, le RN vient surtout d'envoyer pour la première fois à l'Élysée le message qu'il faudra s'attendre, s'il l'emporte, à une cohabitation dure. « Macron pensait qu'il allait avoir le petit jeune à Matignon et qu'il en ferait ce qu'il voudrait, mais Bardella n'entendait pas être qu'un collaborateur, comme disait l'autre… » décryptera pour nous *a posteriori* un député RN. Pour les proches de Le Pen c'est clair (dit par le même) : « Pour nous, qui voulons exercer le pouvoir, une cohabitation molle serait une cohabitation suicidaire. »

MARDI 18 JUIN

Invoquer l'esprit Sein

« La défaite est-elle définitive ? Non ! » Emmanuel Macron aurait pu faire siens ces mots du Général, prononcés il y a quatre-vingt-quatre ans jour pour jour depuis Londres. Venu présider les célébrations de l'appel du 18 juin sous un ciel gris et bas sur l'île de Sein, dans le Finistère – un haut lieu de la Résistance – après un passage par le Mont-Valérien, le chef de l'État, qui avait pourtant assuré lors de sa conférence de presse la semaine dernière qu'il laisserait Gabriel Attal mener la campagne, ne semble pas décidé à se priver de parler, loin de là.

Son passage sur cette terre réputée politiquement modérée lui offre une occasion parfaite pour diaboliser ses adversaires d'extrême droite comme de gauche, et particulièrement le Nouveau Front populaire, quitte à outrer. Un coup tape-t-il au cours de la journée sur le RN et son programme à « 100 milliards par an », un autre sur le NFP et son projet « totalement immigrationniste »... – un terme emprunté à l'extrême droite. Dans un échange retransmis en direct avec un couple âgé – elle, lunettes d'aviateur et visage enveloppé dans un carré Hermès, lui, cheveux immaculés et doudoune bleu marine sur chemise blanche – le président va jusqu'à prétendre qu'« il y a des choses complètement ubuesques [dans le programme du NFP], comme par exemple aller changer de sexe en mairie » – déclenchant dans l'instant les hurlements de ses opposants de gauche, qui l'accusent de transphobie.

Surtout, le président multiplie les plaidoyers en défense de sa décision de dissoudre l'Assemblée nationale. Auprès de badauds qui l'interpellent, notamment : « En mon âme et conscience, je vous le dis, il n'y avait pas d'autre solution », assure-t-il à une promeneuse. Plus mélo encore, il déclare à la presse quotidienne régionale : « Je n'ai pas fait ça à la légère. Il s'agit d'une des décisions les plus difficiles que j'ai prises depuis sept ans. Ce n'est pas une décision solitaire. » Dans le viseur du président, en réalité : « l'écosystème médiatique ». C'est en tout cas ce que nous expliquera l'un de ses conseillers quelques semaines plus tard. « On avait pris conscience de l'incompréhension de notre camp. Il fallait faire la pédagogie de la décision, auprès des journalistes, des députés… Il fallait mobiliser et remettre un peu de volonté dans la machine. »

Constat d'une conseillère en communication macroniste peu convaincue : le « narratif » élyséen a surtout définitivement changé. De fait, les éléments de langage des premiers jours, sur la « dynamique » qu'allait retrouver la majorité présidentielle, les « On y va pour gagner ! » de l'Élysée, semblent bien loin.

Le président, dont la conférence de presse n'a pas provoqué l'effet escompté dans les sondages – c'est peu de le dire – commence-t-il en réalité à douter ? Sa cote de popularité s'effondre. Un sondage BVA le confirmera cette semaine : il n'a jamais recueilli si peu de bonnes opinions (26 %). « 59 % des Français pensent que le chef de l'État n'agit pas de façon responsable. [...] La dissolution a plongé les Français dans l'inquiétude et la sidération », écrira l'institut.

La guerre des récits

L'Élysée a besoin, à l'évidence, de reprendre la main sur le « récit », comme disent les communicants. Car la manière dont a été prise « la » décision, ou plutôt la manière dont elle a été racontée à la presse, commence à ressembler à un règlement de comptes sans fin. Ainsi un proche d'Emmanuel Macron nous confirme-t-il ce jour les infos de *Libération*[1], selon qui le chef de l'État a durement critiqué en privé son conseiller mémoire Bruno Roger-Petit, accusé « de raconter n'importe quoi » sur la genèse du choix présidentiel. « Ça a gueulé très fort », nous relate notre source.

L'influent conseiller, en poste depuis 2017, a été mentionné dans plusieurs articles de presse pour le rôle qu'il a – ou qu'il aurait – joué auprès du président en amont du 9 juin. Cité dans *Le Monde*[2] au lendemain de l'annonce, Roger-Petit expliquait lui-même qu'une réflexion sur la dissolution était en germe depuis plusieurs mois et qu'une

1. Charlotte Chaffanjon, « "Une dose de mythomanie" : Macron recadre Bruno Roger-Petit », *Libération*, 18 juin 2024.

2. Ariane Chemin et Ivanne Trippenbach, « Comment la dissolution de l'Assemblée nationale a fait son chemin à l'Élysée », *Le Monde*, 10 juin 2024.

équipe de moins d'une dizaine de per… rant et « au travail », dans le plus grand … le quotidien du soir rapportait dans un … l'idée même de dissoudre au soir des eur… bien la question du timing qui a tout ch… lors d'un dîner, le 20 mai dernier, dans un … sien, entre le chef de l'État, Roger-Petit, so… ancien sénateur Pierre Charon, l'ex-conseiller en communication du président Clément Léonarduzzi et son actuel, Jonathan Guémas. Le projet, voué à rester secret jusqu'au dernier moment, aurait même été entre eux baptisé « Fortitude », du nom de l'opération de diversion menée par les Alliés pendant la Seconde Guerre mondiale – rien que ça. Aussitôt, on s'interroge : le président menait-il son monde en bateau en déclarant le 4 mai dernier, dans une interview à nos confrères de *La Tribune Dimanche*[2] qui lui demandaient s'il tirerait des conclusions nationales du scrutin européen qui approchait : « C'est l'élection des députés européens. La conclusion sera donc d'abord européenne » ?

Toujours est-il que ce récit on ne peut plus florentin d'une opération savamment préparée – et dans laquelle « BRP » aurait joué l'un des rôles clés – n'a pas agacé qu'Emmanuel Macron. Des « cloportes », dira bientôt Bruno Le Maire sur un plateau télé, à propos desdits conseillers – une sortie peu

1. Nathalie Segaunes et Claire Gatinois, « Dissolution de l'Assemblée : le pari à haut risque d'Emmanuel Macron pour relancer son quinquennat après l'échec des européennes », *Le Monde*, 10 juin 2024.

2. Solenn Cherrier, Bruno Jeudy, Soazig Quemener, Ludovic Vigogne, Aurélien Viers, « Emmanuel Macron : "Je m'impliquerai dans les européennes" », *La Tribune Dimanche*, 4 mai 2024.

…ée par le président, qui n'a pas oublié que le ministre de l'Économie lui-même fut un collaborateur en son temps, nous fera savoir l'Élysée. « Des fabliaux de pseudo-conseillers sans l'intelligence tactique de Mitterrand », nous pianote un ex du Palais, exaspéré, en référence au fait que « BRP », comme le surnomme la presse, ancien journaliste lui-même, est un fan de l'ancien président socialiste.

Il faut dire que ce « storytelling », qui fait couler beaucoup d'encre, alimente de l'avis général l'image d'un président isolé et ivre de lui-même. Voilà d'ailleurs quelques jours que Léonarduzzi et Guémas, présentés dans *Le Monde* comme deux des quatre « apprentis sorciers » de la dissolution, s'emploient à corriger cette narration et à minimiser leur influence dans l'affaire – le premier, vice-président du Publicis depuis deux ans, commence à craindre pour sa réputation professionnelle. « Cette histoire n'a ni queue ni tête », s'étouffe l'un d'eux auprès de nous, quitte à charger en creux un peu plus ses deux acolytes, jugés coupables d'avoir trop parlé. Un classique, grince un ancien ministre : « Au début, tout le monde se dit que c'est un coup de génie et se donne le beau rôle. Quand ça merde, y a plus personne… »

Peu d'initiés croient de toute façon à la version d'une décision prise directement sous l'influence de ces quatre « mousquetaires ». Certes, Roger-Petit et le sénateur Pierre Charon, vieux copains, se parlent. Beaucoup. De même qu'ils échangent bien souvent avec Guémas et Léonarduzzi. Bien sûr, BRP, le plus abondamment cité, a eu du mal à cacher une certaine excitation à l'approche de l'annonce du 9 juin au soir, prévenant quelques journalistes – dont son vieux copain Pascal Praud[1] – qu'un moment « gaullien » était à prévoir, comme nous l'avons écrit. Dès la veille, il n'a pu s'empêcher non plus d'éventer le plan lors du dîner d'État à l'Élysée, on l'a vu aussi. Mais que savait-il avec certitude ? Dimanche 9 juin au matin, le président, nous rapporte l'un de ses interlocuteurs, semblait encore croire aux chances que sa liste aux européennes fasse mentir les sondages. C'est en tout cas ce qu'il a laissé penser en réagissant aux premiers résultats qui lui parvenaient des Outremers (et qui, de fait, étaient eux moins mauvais que prévu). Avait-il pris une décision ferme avant de constater un peu plus tard dans la journée que le RN allait faire plus de deux fois le score du bloc central ? Rien n'est moins sûr. L'Élysée n'a d'ailleurs fait vérifier la constitutionnalité des dates de l'élection que dimanche, apprendrons-nous. Souci de discrétion ou feu vert donné à la dernière minute ? Le « go » ne sera en tout cas donné à l'équipe de communication qu'une fois les premières estimations des résultats hexagonaux parvenus au Palais, dans le milieu d'après-midi.

Tout porte à croire que moins d'une poignée de personnes ont su de façon certaine que le chef de l'État, coutumier des cogitations sans fin et des décisions de dernière minute, allait dissoudre ce soir-là avant qu'il n'annonce qu'il allait prendre la parole. « Être au courant, qu'est-ce que ça veut dire ? » s'interrogera auprès de nous un des quatre prétendus mousquetaires, sans nier avoir été dans la boucle dans les derniers jours.

1. Ariane Chemin et Ivanne Trippenbach, « Comment les médias de Vincent Bolloré orchestrent l'alliance du RN et de la droite », *Le Monde*, 16 juin 2024.

En outre, le fameux dîner du 20 mai a bien eu lieu, nous confirmeront les participants. Mais les opinions exprimées ce soir-là auraient été « variées et nuancées », nous affirmera l'un d'entre eux. Et la dissolution n'en était pas le sujet principal. Si le président s'est progressivement forgé une opinion, il l'aura fait au contact de « quinze ou vingt cercles » différents, explique encore le même. Dit par le même proche du président cité plus haut : « Ce genre de moments, en petit comité, quand il se lâche, qu'il rit et qu'on échafaude des trucs à la con, ça participe à une ambiance. C'est une ambiance, voilà. »

En ce début juin, le scénario d'une dissolution est, quoi qu'il en soit, sur la table depuis des mois – le PR ne l'a-t-il pas, entre autres exemples, évoqué lui-même devant quelques élus locaux en avril, lors d'un déplacement en Dordogne ? Les mauvaises nouvelles sur le front économique – la dégradation de la note de la France par Standard and Poor's, le 6 juin, et la publication par la Commission européenne un peu plus tôt de prévisions inquiétantes quant au déficit public de la France l'année prochaine – n'arrangent rien. Ce sera inévitable à l'automne, aux yeux de beaucoup.

Mais quand et avec qui le président décide-t-il de précipiter les choses, ne laissant presque aucune chance à son propre camp de l'emporter ? Reçu vendredi 7 juin par Emmanuel Macron, soit deux jours avant la date fatidique, Gérald Darmanin, qui pense depuis des mois que « le mandat ne se terminera pas avec cette Assemblée », selon l'un de ses amis, est ressorti en ayant compris ce que tramait le président. Mais l'y a-t-il vraiment poussé ? En cette mi-juin, l'entourage du Premier ministre, qui n'est pas en reste dans cette « guerre des récits » et rumine toujours la décision présidentielle, charge Darmanin en coulisses. C'est un proche de Gabriel Attal qui le confiera à Politico, non sans une pointe de rancœur : « Il y a *un* mec qui a poussé à la dissolution, il est ministre de l'Intérieur, il s'appelle Gérald Darmanin. » Mais il n'y a pas que ceux qui en veulent au locataire de la Place Beauvau qui le disent : « S'il y a en a un qui a poussé pour ce scénario de dissolution, c'est Gérald », nous glisse aussi un ami du ministre.

« J'étais pour, mais pas comme ça », corrigera l'intéressé lui-même auprès d'un proche, qui nous le rapporte. En réalité, depuis son entrevue avec le président, « Gérald a fait du Gérald », explique un autre, qui s'en amuse : « Comme c'était inéluctable, il en est devenu le premier défenseur ! Mais c'était pas son plan… »

Quant à l'ancien sénateur Pierre Charon, avec ses petits yeux rieurs, son débit de mitraillette, son humour décapant, ceux qui le connaissent savent que sa relation avec le président de la République n'est pas celle d'un « baron noir » avec son protégé, contrairement à ce qu'on lit ici ou là. « Ils ne se connaissaient pas il y a trois ans », rappelle une source qui fréquente les deux hommes de longue date. Le même explique en substance que le président s'est simplement pris d'amitié pour ce politicien aussi roué que bavard, ayant aimé Chaban, servi Chirac et adoré Sarkozy, et encore sous le coup d'une douloureuse défaite aux dernières élections sénatoriales en septembre. Et de souligner qu'Emmanuel Macron ne l'a finalement pas recruté à l'Élysée, après lui avoir fait miroiter un poste – Alexis Kohler s'y étant opposé catégoriquement.

« Quand le président parle à Pierre, il sait que c'est comme s'il donnait une conférence de presse », pointait sans affection un collaborateur du président voici quelques semaines. La presse[1] s'était alors fait l'écho, déjà, de croustillantes discussions entre le chef de l'État, Pierre Charon et les convives de ce dernier, autour d'un verre et de quelques zakouski, le soir du 30 avril à l'Élysée, suscitant quelques fantasmes. Comme à son habitude, ce soir où il élevait l'ancien sénateur au grade d'officier de la Légion d'honneur, Emmanuel Macron avait de fait incité les uns et les autres à lui donner un avis sur la meilleure décision à prendre après les européennes, la campagne s'annonçant déjà difficile pour son camp, mais sans exprimer pour sa part la moindre préférence. « Comme tout président qui se respecte, il relance, il écoute, mais il ne dit rien, relativisera un vieux de la vieille présent ce soir-là. Il y a de l'alcool, on a des cigares à la main. Mais les vraies discussions, les entrevues particulières, Macron les a à part. »

Autant dire que peu voient Charon comme l'artisan de la dissolution que certains ont imaginé : « Ils l'ont jeté sous un camion... », nous assure un proche de Gabriel Attal avec une moue de dégoût, allusion à ceux qui ont montré l'ancien sarkozyste du doigt.

« Ça fait le roman de la déliquescence de ce régime », persifle encore un proche de Macron, comme pour expliquer pourquoi toute cette histoire a tant suscité de fantasmes, selon lui. « Mais la vie politique est bien plus cruelle et drôle

1. Ludovic Vigogne, « Quand la firme Macron rencontre la firme Sarko », *La Tribune Dimanche*, 5 mai 2024.

que les séries télé ! » complète un ancien du Palais, persuadé lui aussi que le rôle de cet entourage-là du président a été fort exagéré.

Pour contrecarrer la thèse d'une opération bien ficelée en amont, certains pointent le « marasme organisationnel » (selon un macroniste historique) dans lequel a pataugé le camp présidentiel les premiers jours, pour le moins révélateur d'un haut niveau… d'impréparation. Mais là n'était pas le plus grave, au fond : « L'immense, immense erreur, c'est d'avoir été convaincus que la fracture à gauche était trop forte. C'est ça qui justifie même les dates de l'élection… », se désole un ex-socialiste qui n'a pas réussi à persuader le président du contraire. « Je lui avais dit que le PS est un parti au sein duquel tous les dirigeants signent tous les deux ans une motion pour un congrès sans en penser une seule ligne… », grince-t-il. Même sidération chez un conseiller élyséen mis au parfum trois jours avant : « Des gens comme Séjourné (issu du PS, lui aussi), devraient savoir que pour la gauche, l'envie de victoire est toujours plus forte… » Le patron de Renaissance a, de fait, expliqué lui aussi devant les collaborateurs du parti présidentiel à plusieurs reprises que l'alliance des gauches ne se reformerait pas. Même son de cloche autour d'Édouard Philippe, où l'on est toujours ulcéré : « Qui a dit au président qu'en allant vite la gauche ne serait pas unie ? C'est l'axiome du raisonnement, il est parti sur une hypothèse fausse ! » s'étrangle-t-on. Avant de cingler : « Il y a un truc qui s'est déréglé dans le cockpit, les sondes Pitot sont gelées ».

Alexis Kohler, apprendra-t-on, aurait été « plus réservé », « plus circonspect » sur cette question. Voire, qu'a-t-il vraiment pensé de la dissolution ? s'interrogent certains. « Il n'est pas aussi déconnecté qu'on le dit... », nous certifiera le conseiller d'un ministre en lien avec le bras droit du président. Trois jours avant l'annonce seulement, il en parle en marge des cérémonies de commémoration du Débarquement, à Arromanches, à Thierry Solère, conseiller officieux pourtant chargé d'entretenir les liens avec la droite et, officieusement, interlocuteur privilégié de Raphaël Glucksmann pour le président – les deux hommes, c'est un hasard, sont voisins. Il lui dit en ces mots : « C'est la seule solution. » Parle-t-il de la situation politique ? Ou d'Emmanuel Macron, qu'il n'arrivera pas à retenir plus longtemps, comme nous le suggérera un fin connaisseur de l'animal ?

Nul ne doute en revanche que les conseillers en communication du président – Guémas, l'officiel, donc, et Léonarduzzi, son prédécesseur – n'ont rien fait pour arrêter le président, au contraire. Ils étaient convaincus de son bien-fondé. Ce qui n'en fait pas pour autant les cerveaux de l'opération : « Ils ont été les greffiers, les ordonnateurs », tranche une source qui les connaît bien. Cinq jours avant l'annonce de la dissolution, « Léonarduzzi était persuadé qu'ils auraient à répondre aux appels entrants du PS et de LR pour les rejoindre », témoigne auprès de nous cette semaine une source ayant des oreilles à l'Élysée.

De quoi faire s'interroger un proche du président sur le degré de cynisme de son patron : « Il n'a pas préparé pour lui-même sa propre dissolution. S'il avait voulu vraiment éviter que le RN décroche la majorité absolue, est-ce qu'il aurait envoyé son système sans commandement, sans gouvernail… ? » Un ancien conseiller de l'Élysée, selon qui Emmanuel Macron est « devenu fou, déjà qu'il l'était un peu avant », penche pour une explication psychologique : « Entre la défaite [de 2022] aux législatives, les 49.3 à répétition, la montée d'Attal et la percée de Philippe, il lui fallait une victoire personnelle ». Selon le même, le président était prêt à porter le RN au pouvoir pour « acter la vague RN », puis « reprendre la main au centre du jeu en devenant le gardien des institutions, de la politique étrangère et de la défense ». Bref, devenir « le dernier rempart, le protecteur de la République ».

Plusieurs sources nous affirment par ailleurs qu'environ dix jours avant le résultat des européennes, soit à la fin du mois de mai – au moment, donc, où Gabriel Attal le voit pour lui exposer son plan visant à surmonter le mur budgétaire à l'automne – de petits signaux ont laissé penser que le président commençait en réalité à douter de la capacité de son camp à faire mentir les sondages. « Il répondait moins vite et moins souvent à l'équipe de campagne. Il a pris de la distance… comme lorsqu'il cogite », nous détaillera-t-on au QG de Renaissance.

Est-ce à ce moment qu'Emmanuel Macron envisage sérieusement la dissolution ? Sa conviction répétée que le camp présidentiel pouvait atteindre 22 % des voix aux élections européennes n'aurait donc été que poudre aux yeux. Sans doute ne saurons-nous jamais avec certitude. Au-delà du *storytelling* élyséen, la vérité sur la genèse de cette décision est probablement au croisement de toutes ces théories :

imaginée – fantasmée ? – en amont, étonnamment peu préparée, véritablement décidée dans l'urgence.

Gauche de saloon

Au lendemain du premier grand meeting de campagne de la gauche, le rythme des invectives entre les différents cadres du NFP s'accélère. Sur X, le député sortant LFI Paul Vannier, l'un des lieutenants de Mélenchon, accuse le socialiste Olivier Faure de « renier sa propre parole » sur la désignation du Premier ministre en cas de victoire de la gauche (le premier secrétaire du PS a demandé un vote des députés) ; la porte-flingue (et compagne) de Jean-Luc Mélenchon, Sophia Chikirou, appelle François Ruffin à « se ressaisir », après que celui-ci a défendu, sur scène à Montreuil, son « camarade et ami » Alexis Corbière, lâché par La France insoumise.

Loin de se calmer, Vannier a accusé le même Corbière d'utiliser, sur ses documents de campagne, les photos d'Olivier Faure et de Marine Tondelier « sans leur accord », ainsi que le logo des Écologistes.

Une accusation qui sera balayée d'un revers de main côté PS, alors que les Écologistes, s'ils n'en font pas des tonnes, ne trouvent rien à redire au choix des Insoumis et assument, « en respect de l'accord passé », de soutenir les candidats officiels du NFP et d'avoir « demandé aux cinq Insoumis non reconduits de ne plus utiliser » leur logo, nous confie la conseillère fédérale Hélène Hardy, membre de la direction du parti. Et tant pis pour la parole donnée, tant pis si les partenaires du NFP s'étaient engagés à réinvestir tous leurs sortants, Jean-Luc Mélenchon ayant appelé le premier « à jeter les rancœurs à la rivière ».

Évincée des investitures de La France insoumise, mais pas encore de toutes les boucles de discussions internes, Danielle Simonnet elle, est loin d'avoir jeté les rancœurs à la rivière, et on le lui rend bien. L'élue de Paris a posté ce matin un – ultime ? – message à ses camarades, dans lequel elle vide son sac, apprend-on ce jour. Dans ce texte, transmis sous le manteau à Politico, la députée sortante, candidate dissidente à Paris et en froid polaire avec la direction de LFI, accuse Jean-Luc Mélenchon d'avoir proféré contre elle des « insultes » et de l'avoir « harcel[ée] moralement » pendant « trois mois en 2022 ». Contactée, Simonnet n'a pas voulu nous en dire plus.

Elle dénonce aussi la « ligne sectaire de l'insulte et du clivage permanent » du parti, écœurée par « la dernière boule puante », « immonde », contre Alexis Corbière. Également « purgé », ce dernier est accusé, dans un montage vidéo circulant sur X, et relayé par des proches de Mélenchon, d'avoir traité son ex-présidente de groupe à l'Assemblée nationale, Mathilde Panot, de « poissonnière », lors du meeting lundi soir à Montreuil. Alexis Corbière a démenti hier sur X, appuyé par le communiste Ian Brossat avec qui il discutait au moment de l'échange incriminé.

Pas moins remontée que Simonnet, la députée Danièle Obono, proche de la direction, défouraille en retour contre les « leçons de morale et de politique de celles et ceux qui depuis deux jours font tout tourner autour de leurs petites personnes ». Elle les enjoint à « redescendre de [leur] piédestal » : « Gardez-les pour vos dîners de patates avec des milliardaires et les plateaux TV qui seront les seuls intéressés à vos existences politiques », lance-t-elle. L'élue de Paris fait par là référence aux dîners, révélés fin mai par *L'Express*[1], d'Olivier Legrain, millionnaire désireux de se mettre au service de la gauche, qui invite donc de temps à autre, depuis 2023, quelques-unes de ses figures à réfléchir à la prochaine présidentielle. Dont les frondeurs Insoumis.

Quant aux pommes de terre (à la portugaise, précisément), c'était le menu servi lors d'un autre dîner, remontant au printemps 2023, mais toujours pas digéré par les fidèles mélenchonistes. Ces agapes-là réunissaient, au domicile de l'écologiste Julien Bayou (pas encore en retrait de son parti et de son groupe parlementaire du fait d'accusations de violences psychologiques contre son ex-compagne), ceux qui aiment à penser que la gauche peut exister sans le tribun, dont les frondeurs. Encore eux.

1. Olivier Pérou, « Olivier Legrain, le millionnaire dans l'ombre de François Ruffin et de la gauche », *L'Express*, 28 mai 2024.

MERCREDI 19 JUIN

Ça se dispute

D'aucuns diraient : c'est le pompon. Le site internet d'Europe 1 publie ce matin un article narrant les échanges qu'aurait eus Emmanuel Macron avec ses proches sur un éventuel recours de sa part, après les législatives anticipées, à... l'article 16 de la Constitution, qui confère les pleins pouvoirs au président. La rumeur sera rapidement démentie par l'Élysée, et même, c'est un comble, par un journaliste de CNews, la chaîne sœur d'« Europe », qui relaie des propos rapportés du Palais. Dans le doute, Politico prend quand même le temps de sonder ses sources élyséennes. Toutes, en substance, nous répondent : élucubrations.

Le 11 juin, déjà, soit au surlendemain de l'annonce de la dissolution et à la veille de la conférence de presse du chef de l'État, le puissant site d'information économique américain Bloomberg démentait une « info » diffusée le matin sur le site d'Europe 1 – radio du groupe Vincent Bolloré qui, à l'instar du *JDD* et de CNews, milite à plein tube pour l'union des droites. « Après la dissolution, la dramatisation ? Emmanuel Macron pourrait mettre sa démission dans l'équation », avait titré la radio quelques heures plus tôt, avec un simple point d'interrogation de rigueur et la mention du fait que « ce n'est pas l'option privilégiée à l'Élysée ». « La démission du président n'est pas un tabou. Oui, il faut aujourd'hui envisager tous les scénarios », aurait confié un « proche » du chef de l'État (notion souvent relative), ajoutant que ce dernier serait « prêt à sacrifier la fin de son quinquennat ».

Aussitôt propagée sur les réseaux sociaux et par plusieurs comptes X anglophones, la rumeur d'une démission du président de la République avait affolé les milieux économiques et s'était fait ressentir sur les marchés, alors que la perspective de l'arrivée du RN au pouvoir ou celle, a minima, d'une longue période d'instabilité politique, inquiétait déjà les investisseurs étrangers depuis la veille. « Le spread France/Allemagne a atteint 80 points de base dans la première semaine de campagne », se souviendra un mois plus tard une source experte de ces sujets au sein de l'exécutif. « Cela représente environ 1 milliard d'euros de surcoût de charge d'intérêt dès cette année. »

Les voyants rouges s'étaient donc immédiatement allumés à l'Élysée. D'ordinaire peu prompt à démentir officiellement des informations erronées, le Palais avait ainsi pris la peine de tordre le cou à la rumeur aussi clairement que possible : il n'y aura pas de démission du président en cas d'échec aux législatives, affirmait le conseiller com du président, Jonathan Guémas à la presse. Sur la boucle interne de la campagne consacrée à « la riposte », il ordonnait aussi et rassurait par la même occasion : « On dément. » Joint par nous des semaines plus tard, le chef du service politique d'Europe 1, Louis de Raguenel, à l'origine de l'info, maintient « catégoriquement » qu'elle émanait d'une source élyséenne, et nous l'assure même : « On a eu plusieurs sources en l'espace de vingt-quatre heures. » Commentaire affligé d'un ex du Palais, n'excluant pas que le journaliste dise vrai : « Ils ont lancé tous les ballons d'essai institutionnels possibles… »

Quoi qu'il en soit, l'incertitude politique est telle, dix jours après la grande annonce, qu'une démission d'Emmanuel Macron ou un recours aux pleins pouvoirs ne sont plus des idées assez farfelues pour que l'entourage du président les laisse prospérer sans démenti. On le devine toutefois : ils sont quelques-uns, autour du PR, à réfléchir aux différents scénarios de l'après-7 juillet. « Ça carbure, confirme au téléphone un visiteur du Palais. Macron a consulté des gens, sur "comment le jouer". » Un conseiller présidentiel glisse aussi, sibyllin : « Il connaît sa Constitution par cœur. » Comprenez : le PR n'a nul besoin qu'on lui explique les différentes options s'offrant à lui…

Gabriel Attal, libéré

L'entourage du Premier ministre, qui soigne toujours particulièrement sa com, refuse expressément d'évoquer avec la presse l'avenir du chef du gouvernement après les législatives, soulignant toutefois ce matin avec un optimisme certain ce qu'écrivait hier *Le Parisien*[1] : « En cas de

1. Olivier Beaumont, « Il a été profondément blessé : une semaine après la dissolution, un président Macron sans remords », *Le Parisien*, 18 juin 2024.

victoire, ou de majorité relative, Gabriel Attal devrait par ailleurs garder les clés de Matignon. » Certes, les chances pour les macronistes de se retrouver dans une telle situation sont quasi nulles, mais l'article a été rédigé après un échange d'Emmanuel Macron avec le journal (et plusieurs autres de la presse régionale), alors on veut y voir à l'hôtel de la rue de Varenne les mots à couvert du président.

En attendant, une idée s'installe progressivement dans les esprits : si, comme beaucoup s'y attendent, Attal quittait Matignon, ce serait en homme libéré. Certains l'imaginent prendre la tête du groupe parlementaire à l'Assemblée nationale, s'il est bien réélu député dans les Hauts-de-Seine. Ou alors – et tous ne jugent pas les deux scénarios incompatibles – celle du parti Renaissance, qui doit tenir son congrès à la fin de l'année.

Mais si par un incroyable retournement de situation, Attal se maintenait à la tête du gouvernement, il serait aussi libéré de ses chaînes. Ce mercredi soir, sur TF1, l'intéressé se montre on ne peut plus clair : « Pour la première fois depuis plus de vingt-cinq ans, les Français vont choisir leur Premier ministre. Le Premier ministre qui en sortira [vainqueur], évidemment, aura une légitimité qui [sera] forte. Je souhaite que les Français me choisissent. » Une légitimité issue des urnes, donc, et non plus de l'Élysée.

De quoi agacer encore un peu plus le chef de l'État qui vilipende son Premier ministre en privé. L'un de ses interlocuteurs réguliers, à qui nous rapportons qu'un soir, buvant un verre avec un vieux compagnon de route, Emmanuel Macron a eu des mots très, très durs à l'endroit de Gabriel Attal, nous répond aussitôt : il n'y en pas qu'en buvant un verre qu'il le fait. Il faut dire qu'entre les deux hommes, qui n'ont jamais eu de relation de proximité, tout s'est déréglé très vite après la nomination du plus jeune à Matignon. Et d'abord avec un crime de lèse-présidence : en février dernier, alors que le chef de l'État vient d'effectuer une visite particulièrement chaotique et humiliante du salon de l'Agriculture – les images tournent en boucle – le Premier ministre s'y rend alors qu'il n'avait pas prévu de le faire, brillant par son calme et sa componction, lui-même ne déclenchant pas les mêmes remous que son chef. « Gabriel Attal en opération déminage », titreront les télés. Depuis, rien ne s'est arrangé.

Mais revenons à la campagne. Dans le même temps, si les sondages nationaux ne s'améliorent guère, les projections que s'échangent les experts de la carte électorale en coulisses – qui, bien qu'elles restent artisanales, tiennent en général mieux compte de certaines spécificités locales – sont moins catastrophiques que la première semaine. Le logiciel du MoDem, qui donnait la coalition macroniste sous les 100 députés (contre, rappelons-le, 245 jusqu'au 9 juin), la voit désormais un peu plus haute, et le risque d'une majorité absolue pour le RN s'estompe légèrement. Très légèrement.

JEUDI 20 JUIN

Les bons comptes font les bons alliés

Ses conseillers ont tout fait pour « événementialiser », « scénariser », mais aussi personnaliser le moment, nous disent-ils, conformément à la stratégie définie par le Premier ministre aux premières heures de la campagne. À 9 heures ce matin, au siège de Renaissance, Gabriel Attal a donc tenu une conférence de presse, baptisée « Le jour d'après », pour présenter officiellement le programme des listes d'Ensemble.

L'idée, donc : volontarisme, autorité, modération, respect des valeurs républicaines. Le programme du RN ? Un grand « effeuillage », balance-t-il, notamment en matière de pouvoir d'achat. Le NFP ? Une alliance fondée sur « la compromission et la dissimulation », qui promet un « matraquage fiscal ». Lui confirme son intention de mettre en place une « règle d'or », inscrite dans la loi, consistant à n'augmenter aucun impôt – jusqu'en 2027 et à condition bien sûr de remporter les élections, précisera son cabinet par la suite. Il parle d'expérimenter la semaine de 4 jours de travail en entreprise, et, entre la « fin pure et simple » de la transition écologique, annoncée selon lui par le RN, et « l'écologie faite de contraintes » proposée par le NFP, rappelle que le camp présidentiel entend créer 14 nouveaux réacteurs nucléaires, comme l'a déjà dit le président lors de sa conférence de presse.

Face aux patrons

Gabriel Attal étant bien occupé, c'est Édouard Philippe qui représente le camp présidentiel, ce jeudi matin, pour le grand oral des principales forces politiques devant les patrons : le Medef, qui organise, mais aussi la CPME (Confédération des petites et moyennes entreprises), U2P (Union des entreprises de proximité) et CCI France (Chambre de commerce et d'industrie). Comme à la maison, sur scène, l'ex-PM, après avoir rappelé que la décision de dissoudre était celle, « souveraine », du président – et donc pas la sienne –, qu'il a un « avis extrêmement précis sur le sujet » – comprenez : il la désapprouve – explique d'où il parle : « Le président a mis un terme à la majorité présidentielle. [...] Mon objectif c'est de construire une nouvelle majorité parlementaire, beaucoup plus ouverte politiquement, qui aille de la droite républicaine jusqu'à la gauche sociale-démocrate... avec laquelle on peut travailler. » Philippe fait le show. « On bouffe de la dette... pardon, on a consommé de la dette », fait mine de se reprendre le chantre de la rigueur budgétaire. Son objectif ? Construire une France « plus prospère, plus puissante, plus libre et plus juste » – jusque-là tout va bien – notamment en poursuivant la « politique pro-business » qui, se sent-il un devoir de préciser, « avait commencé avec François Hollande » (voilà pour les alliés du NFP). « Les patrons adorent », nous pianote une salariée du Medef dans la salle.

Pour le NFP, dont la crédibilité économique est attaquée par les oppositions et questionnée par les milieux d'affaires et qui, de l'avis général, fait plus peur aux patrons que le RN, l'enjeu est de taille. Ses représentants doivent à la fois convaincre du bien-fondé de leur programme de relance par la demande et prouver qu'ils vont réussir à accorder leurs violons sur le chiffrage de leur projet commun.

Envoyés par le Nouveau Front populaire : l'Insoumis Éric Coquerel et le socialiste Boris Vallaud. Mais pas la socialiste Valérie Rabault, qui a justement remis le bazar mardi (comme s'il en manquait) en rendant publics ses calculs. La députée sortante du Tarn-et-Garonne, réputée pour sa maîtrise du sujet, estimait en effet, dans une interview aux *Échos*[1], les dépenses prévues par l'alliance à 106 milliards d'euros sur la période 2024-2027 (notamment compensés par 50 milliards d'euros de hausse d'impôts par an). Ce qui lui a valu, dans la foulée, un communiqué de LFI évoquant une « vision personnelle ». « Je pense [que Rabault] avait surtout envie de se mettre en avant », pique un Insoumis que nous questionnons sur les affirmations de la socialiste.

En réalité la sortie de la députée sortante, pensée et calibrée, a tout à voir avec les négociations entre partenaires du NFP, et vise à « cranter un chiffre », ou, dit autrement, à imposer sa vision programmatique. La raison ? Lundi, une première visio sur le chiffrage a révélé sans grande surprise

1. Renaud Honoré, « Valérie Rabault : le programme du NFP représente 106 milliards d'euros de dépenses nouvelles », *Les Échos*, 18 juin 2024.

de « très grandes divergences » entre socialistes et Insoumis, ces derniers étant jugés trop dépensiers. « On décide donc de faire sortir [le chiffre] dans la presse », nous confessera quelques semaines plus tard un cadre du PS. Charge donc ensuite à leurs camarades de faire rentrer les mesures du NFP dans cette enveloppe budgétaire, avant la conférence de presse de présentation prévue vendredi. La version finale du texte détaillant le programme du NFP sera malgré tout un peu plus dépensière que ce qu'a annoncé Rabault : « À la fin de l'année 2025, la dépense publique nouvelle pourra atteindre 100 milliards d'euros », puis 150 milliards fin 2027, pourra-t-on y lire.

Pour élaborer leur chiffrage, les négociateurs du NFP se sont entourés d'un aréopage de plus d'une cinquantaine d'économistes, qui alimentent en notes les mesures proposées. Il y a les visages médiatiques, comme le couple Julia Cagé-Thomas Piketty, ou Michaël Zemmour et Anne-Laure Delatte, qui enchaînent les sollicitations depuis la naissance de l'alliance. Aux côtés de hauts fonctionnaires de l'Insee et de la Cour des comptes, aux noms restés confidentiels, d'autres universitaires se sont mobilisés dès l'annonce de la dissolution dans des boucles de discussions, pour apporter leurs contributions écrites. Pour Coquerel, côté LFI, on retrouve des économistes de l'Institut La Boétie (un think tank affilié à LFI) comme Éric Berr, Léo Charles ou Cédric Durand. Au PS, l'équipe d'une dizaine d'experts coordonnée par Simon-Pierre Sengayrac, consultant et enseignant en finances publiques, a apporté, jusqu'à hier soir, des éléments de comparaison avec les programmes concurrents pour alimenter la prestation de Vallaud face aux patrons.

Ce sera difficile pour les deux acolytes malgré tout. Quitte à déclencher quelques huées, Vallaud marquera au moins les esprits en demandant un « effort de patriotisme économique » aux patrons, assorti de cette petite provocation à l'intention de son public du jour : « Vous pouvez lever la main, les milliardaires ? »

Photo de couple

Il n'y a pas qu'au NFP que le coût des programmes fait l'objet de longues tractations mêlant économistes, hauts fonctionnaires et universitaires. Au RN par exemple, Renaud Labaye, ancien de Bercy passé par HEC, et le député sortant Jean-Philippe Tanguy, diplômé de Sciences Po et de l'Essec, planchent avec « quatre, cinq personnes » extérieures au parti, nous ont-ils expliqué, dans une allusion à ses fameux « nouveaux Horaces ».

Pour Jordan Bardella et Éric Ciotti, cette virée salle Gaveau, dans le VIIIe, est aussi une première sortie publique à deux, neuf jours après le ralliement fracassant du second au premier. Ils font scène commune, assis face au public, cuisse contre cuisse dans un petit sofa gris. Le toujours président de LR n'a confirmé sa visite à l'organisation que ce matin. À son arrivée, à peine sorti de sa voiture, l'eurodéputé RN n'a pas échappé à la question du jour : Ciotti est-il sa caution de droite libérale pour rassurer les patrons ? « Nous sommes en coalition », a botté en touche Bardella.

Mais la venue de son nouvel allié a surpris jusque dans ses rangs. Un cadre du parti, qui n'a pas suivi l'audition du duo, nous sondera en fin de journée sur la teneur du rendez-vous, car « deux patrons » l'ont appelé pour lui dire que « c'était la cata ». « Ils n'ont pas compris », ajoute notre interlocuteur, s'interrogeant sur ce choix : « Ça aurait été face à un syndicat de policiers, OK. Mais là, je ne comprends pas, Ciotti n'a aucune image éco… »

VENDREDI 21 JUIN

Chacun cherche sa place

Elle dit ça, elle dit rien. En déplacement ce matin à Courrières, dans sa circonscription du Pas-de-Calais, Marine Le Pen, qui se dit trop « respectueuse des institutions » pour appeler Emmanuel Macron à démissionner, ne fait qu'un simple « constat » : s'il y a « blocage politique » après les élections, « il ne restera au président que la démission pour sortir d'une crise politique », la Constitution ne l'autorisant pas à dissoudre une nouvelle fois avant un an. Emmanuel Macron « fera exactement ce qu'il veut et ce que la Constitution lui donne liberté de faire », ajoute toutefois celle qui sait bien que la perspective d'une majorité relative – ou plus – pour le RN s'est installée dans les esprits. Façon, en creux, de faire d'Emmanuel Macron l'enjeu de l'élection ? Ou tout simplement, pour celle qui vise la fonction suprême, façon de pousser encore un peu plus son avantage ?

Il faut dire qu'après bientôt deux semaines de campagne, le parti à la flamme n'a fait que s'installer plus solidement en tête des intentions de vote sur le plan national avec la droite d'Éric Ciotti (35 % d'après l'IFOP, aujourd'hui), tandis que le Nouveau Front populaire progresse nettement (il recueillerait autour de 29 % des voix, contre 22 à 23 % en moyenne au démarrage de la campagne). Le bloc central n'a fait que grappiller deux petits points, passant de 18 à 20 % d'intentions de vote, selon les enquêtes. Pas de quoi fanfaronner.

Philippe pique

Cette fois, ça secoue. Ses premières prises de parole s'étaient révélées moins dures que ce qu'on avait redouté au siège de Renaissance. Sa décision de rompre le contrat financier liant son parti aux autres partis de la majorité présidentielle sortante a été comprise, bien que regrettée. Mais une nouvelle petite phrase d'Édouard Philippe va susciter l'« incompréhension générale » dans les équipes de campagne Renaissance. Il n'annonce pourtant rien de très différent de ce qu'il a pu dire dans ses précédentes interventions médiatiques. Mais un mot, prononcé à un moment de légère accalmie médiatique au micro de Paul Larrouturou, notre confrère de TF1, au beau milieu d'un déplacement de campagne, a suffi à déclencher un certain ramdam. « C'est le président qui a tué la majorité présidentielle », lâche le Havrais, comme la veille face aux patrons. Ou presque : Philippe ne dit plus que Macron *a mis fin* à la majorité. Mais qu'il l'*a tuée*. « Il l'a dissoute. C'est pas moi qui suis parti, c'est pas les frondeurs ou des frondeurs qui l'auraient énervé… Il a décidé de la dissoudre, très bien, on passe à autre chose », poursuit l'ancien Premier ministre. « C'est là que l'artillerie touche… », sourira son entourage lorsque nous l'interrogerons, sans cacher une pointe de satisfaction à voir enfin Philippe passer le mur du son.

La sortie, rapidement isolée et relayée sur les réseaux sociaux, crispe d'autant plus qu'elle a été prononcée un jour où Édouard Philippe est venu soutenir Astrid Panosyan-Bouvet, députée Renaissance sortante respectée et accessoirement… cofondatrice d'En Marche, dans sa circonscription parisienne (ce qui, nous assurera l'entourage du Havrais, n'est qu'un pur hasard). « À ce moment-là, c'est devenu presque un running gag entre militants de se demander ce qu'il va dire contre le PR dans son prochain média… », se remémorera un stratège du parti présidentiel, interrogé après la campagne. À l'Élysée non plus, la petite phrase n'est pas passée inaperçue. Le président n'apprécie pas, mais alors pas du tout, ce coup bas d'un allié, nous rapporte un témoin.

Philippe le « diesel », comme le décrivent souvent ses proches, est-il décidé à monter d'un ton ? « C'est au tour du RN et du Front populaire de structurer le débat », avait botté en touche l'un de ceux qui le conseillent, un brin fataliste, la semaine passée, en réponse à une question sur la difficulté de l'ancien Premier ministre à se faire entendre dans les jours qui ont suivi l'annonce de la dissolution. « Mais ça viendra », semblait penser le même, comme beaucoup de philippistes, bousculés dans leur stratégie du temps long et de la parole rare. « En trois semaines, que veux-tu faire ? » avait-il confessé.

Ces dernières heures, l'ex-Premier ministre a été contacté par Yaël Braun-Pivet. La présidente de l'Assemblée n'a pas l'intention de rester les bras ballants en attendant le premier tour. Face à la vague RN tant redoutée, elle cherche un plan pour faire la démonstration que droite et gauche peuvent se retrouver et faire front commun. À Édouard Philippe, comme au président du Sénat Gérard Larcher – avec qui elle avait organisé une marche contre l'antisémitisme le 12 novembre 2023 –, elle propose de signer ensemble une tribune contre le RN, qui serait publiée en début de semaine prochaine. Elle a dans l'idée de proposer au socialiste Bernard Cazeneuve d'y apposer aussi sa signature. Un appel lancé par les présidents des deux Chambres et par deux anciens Premiers ministres des deux bords, voilà qui aurait permis de « montrer qu'il y avait un espoir, une perspective d'entente ou de coalition », nous racontera un conseiller de Braun-Pivet à propos de cette initiative… dont personne n'a jamais rien su.

Et pour cause : elle n'a pas abouti. Édouard Philippe lui répond qu'il va réfléchir, traîne des pieds et… ne donnera jamais suite. Le souci : l'idée ne colle pas avec la stratégie qu'il est en train de mûrir pour l'entre-deux-tours et à laquelle nous reviendrons : le « ni RN ni LFI ». À ses yeux, le parti de Marine Le Pen n'est pas le seul ennemi. Même embarras chez Gérard Larcher qui ne suivra pas, craignant de jouer contre son camp (les LR) en signant une tribune avec deux figures de la Macronie.

Darmanin cogite

S'il en est un que les philippistes regardent faire campagne avec un sourire en coin mais toujours une saine méfiance, c'est leur « ami » Gérald Darmanin. Le ministre de l'Intérieur, qui joue sa propre réélection dans sa première circonscription du Nord, a de bonnes chances de l'emporter. Mais en bon perfectionniste, il ne cessera de s'inquiéter. Le RN y est tout de même puissant et il est ministre sortant. Alors il laboure son fief, tout en se démultipliant dans les médias nationaux. Une hyperactivité qui ne l'empêche pas de stratégiser. Matin, midi et soir.

En déplacement dans la 1re circonscription du Nord, hier, où il venait soutenir la candidate du MoDem Vanessa Duhamel, le Tourquennois a semblé répondre aux interrogations autour de son avenir politique à court terme, évoquant trois hypothèses : « Si je suis battu, je démissionne le soir même. S'il y a une nouvelle majorité, le président choisira. Si les extrêmes l'emportent, je démissionnerai. » Des propos rapportés par France Inter, et confirmés par son entourage. Est-ce à dire que le ministre de l'Intérieur quittera immédiatement son job même en cas de majorité relative pour le RN ou le NFP ? Son cabinet nous répond par un clin d'œil mais n'en dira pas plus.

On pensait y voir le signe que Darmanin n'a qu'une seule hâte, retourner au Palais-Bourbon. Car cela commence à se savoir : l'ambitieux ministre voudrait présider son groupe à l'Assemblée nationale, s'il est bien réélu. Et il ne s'arrête pas là : « Son plan, c'est de faire un groupe un peu hétéroclite, avec des macronistes déçus, des philippistes déçus, et ceux [à droite] qui ne veulent pas de Wauquiez », nous détaille un conseiller bien informé. Il y a quelques jours, juste après l'annonce du ralliement d'Éric Ciotti au RN, le premier flic de France avait imaginé que les députés LR en désaccord avec leurs chefs rallieraient l'aile droite de la Macronie. Mieux, avant la dissolution, il discutait déjà d'un groupe où siégerait l'électron libre des Républicains, tenant autoproclamé de l'aile sociale du parti, Aurélien Pradié. Mais la droite tient encore, et il n'en est rien, à ce stade. L'un comme l'autre sont trop prudents pour laisser fuiter quoi que ce soit avant d'avoir été réélus. Alors, pour l'heure, Darmanin se contente de cultiver sa singularité, comme cette semaine, dans *Match*, qui est venu l'immortaliser en campagne sur ses terres – sans cravate, bien sûr, et avec son blue-jean de rigueur – et à qui il a lâché : « Les personnes qui m'interpellent me disent "Toi, c'est différent ! Tu es d'ici", ils estiment que j'ai été en partie empêché de mener à bien mes réformes… » Emmanuel Macron, qui lui pardonne tant de choses, appréciera.

Mais voilà qu'aujourd'hui le même Darmanin semble vouloir discrètement corriger le tir auprès de l'AFP. « Si jamais le président de la République devait avoir une majorité, c'est lui qui choisirait son gouvernement. J'imagine qu'il y aura un changement gouvernemental et évidemment, dans ce cas, je serai à la disposition du président de la République », a-t-il déclaré, plus prudent qu'hier. Le ministre de l'Intérieur, chargé de la sécurité, notamment, des Jeux olympiques qui arrivent, a-t-il été rappelé à l'ordre par l'Élysée ? Du tout, nous assure-t-on au Palais. Darmanin aurait simplement apporté une clarification nécessaire et conforme, d'ailleurs, à ce qu'il répète en privé au président de la République. À en croire l'un de ses interlocuteurs, qui nous le confie, le ministre de l'Intérieur n'exclut pas, en réalité, de rester ministre et de disposer éventuellement, en plus, de son propre groupe à l'Assemblée, dans le cas bien sûr où ni le RN ni le NFP ne remporteraient les élections. Option fromage et dessert, en somme.

SAMEDI 22 JUIN

Ça commence à se voir

Une de plus. Certes, leurs sondages ne s'en ressentent pas, mais les lepénistes ont eux aussi quelques soucis à gérer. Aujourd'hui encore, les cadres du Rassemblement national doivent se pencher sur une enquête qui épingle certains de leurs candidats (mais pas que) : celle-là est de *L'Express*[1] et pointe leur allégeance à des thèses conspirationnistes. Jonathan Rivière, en lice à La Réunion, affirmait ainsi en janvier sur Facebook : « On n'a jamais marché sur la Lune » – un exemple parmi d'autres. Voilà une semaine que ça dure : *Libération*[2] avait dégainé en premier, dès lundi, une liste de neuf profils au passé néofasciste, aux prises de position numériques suintant le racisme, l'antisémitisme, le climatoscepticisme, le complotisme et autres joyeusetés. On avait découvert, notamment, cette candidate qui estime sur X que certaines civilisations « sont juste restées au-dessous

1. Antoine Beau et Stéphanie Benz, « Complotistes, antivax, sectaires… Ces candidats fâchés avec la vérité scientifique », *L'Express*, 22 juin 2024.

2. Maxime Macé et Pierre Plottu, « Législatives : le Rassemblement national et ses candidats racistes, antisémites et complotistes », *Libération*, 17 juin 2024.

de la bestialité dans la chaîne de l'évolution » (Marie-Christine Sorin, investie dans les Hautes-Pyrénées). Deux jours plus tard, le média en ligne StreetPress[1] nous présente Louis-Joseph Pecher, candidat d'Éric Ciotti soutenu par le RN en Meurthe-et-Moselle (par la suite désinvesti), qui publiait en avril, sur le même réseau social, le commentaire : « Juif qui parle, bouche qui ment. » Le site réédite le lendemain, vite suivi par Mediapart[2], qui décompte déjà « plus de 40 candidats RN en roue libre sur les réseaux sociaux ». Et ça va durer. La presse régionale embraye : bientôt *La Provence*[3] exhumera l'une des publications Facebook de Monique Griseti, datant de janvier 2022, dans laquelle elle interpelle le chanteur Maître Gims : « Qu'il retourne de là où il vient, qu'il amène toute sa tribu avec lui. Qu'il aille traire la chèvre, ça nous fera des vacances. » Durant la pandémie de Covid-19, elle avait aussi renommé la maladie « rhume-19 ». *Libé*[4], à nouveau, rappellera les propos d'Hervé de Lépinau, en 2020, où il comparait l'autorisation de l'avortement à 14 semaines de grossesse « aux génocides arméniens et rwandais, à la Shoah, aux crimes de Daech » (dans un message X depuis supprimé).

Au sein du parti à la flamme, on brandit la carte de l'acharnement : « On le savait déjà, mais c'est une des leçons

1. Arthur Weil-Rabaud, « "Juif qui parle, bouche qui ment" : Louis-Joseph Pecher, le candidat antisémite de Ciotti et du RN », StreetPress, 19 juin 2024.

2. Justine Brabant et Antton Rouget, « Racisme : plus de 40 candidats RN en roue libre sur les réseaux sociaux », Mediapart, 21 juin 2024.

3. Sylvain Pignol, « "Qu'il retourne de là où il vient [...] qu'il aille traire la chèvre", le vrai visage du RN marseillais sur le web », *La Provence*, 26 juin 2024.

4. Maxime Macé et Pierre Plottu, « Législatives : encore et encore des candidats RN racistes et complotistes », *Libération*, 27 juin 2024.

de ces législatives : on ne nous laisse rien passer, on doit être irréprochables», analysera «à tiède», au cœur de l'été, Renaud Labaye. Lui est persuadé que des cas similaires auraient pu être repérés parmi les candidats adverses. Mais il reconnaît aussi, comme d'autres, les limites du «plan Matignon» dont se targuaient avec gourmandise depuis des mois les cadres du RN. On l'a vu : plusieurs centaines de candidats avaient déjà été auditionnés, en priorité dans les circonscriptions qu'on pensait gagnables. Pour les autres, début juin, «on s'est reposés, comme tous les partis, sur l'avis de nos délégués départementaux, qui nous proposaient des gens et faisaient aussi ce qu'ils pouvaient en quarante-huit heures», nous détaillera plus tard Franck Allisio, député des Bouches-du-Rhône et membre de l'instance. Et de balayer la problématique, puisque, dans ces territoires réputés difficiles pour les lepénistes, les «brebis galeuses», ainsi que les surnommera Jordan Bardella, n'auraient eu aucune chance de l'emporter.

Pas sûr. Certains des profils pointés de la plume sont des députés sortants qui avaient déjà défrayé la chronique. Ainsi d'Hervé de Lépinau, réinvesti dans le Vaucluse et réélu. Et comment Franck Allisio pouvait-il ignorer les dérapages de Monique Griseti ? Déjà candidate aux législatives il y a deux ans, celle-ci retente sa chance dans les Bouches-du-Rhône, dont le délégué départemental RN est… Allisio. Ah, et elle est aussi sa tante! Elle gagnera son ticket pour l'Assemblée nationale.

Comme si cela ne suffisait pas, les lepénistes doivent aussi affronter la petite musique qui se joue depuis le milieu de la semaine : la perspective de l'arrivée à Matignon de Jordan

Bardella libérerait, en France, la parole raciste et homophobe. Deux jours plus tôt, l'émission *Envoyé spécial* a filmé un couple d'électeurs RN de Montargis en train de lancer à leur voisine noire, Divine Kinkela : « Va dans ta niche. » Il y a dix jours, plusieurs militants de l'ultradroite – dont le fils d'Axel Loustau, ancien leader du GUD (Groupe union défense), longtemps proche collaborateur de Marine Le Pen – étaient condamnés à plusieurs mois de prison pour une agression homophobe. En garde à vue, selon les révélations de *Libération*, l'un d'eux déclare : « Vivement dans trois semaines, on pourra casser du pédé autant qu'on veut. »

DIMANCHE 23 JUIN

50 nuances de front républicain

Gabriel Attal enchaîne tant d'interviews, ces jours-ci, que *Le Parisien* ne l'affiche même plus en une de son édition dominicale ce matin. Le Premier ministre y parle (un peu) de son cas personnel[1] (tout en faisant mine de s'y refuser), pour confirmer l'impression qu'il donnait déjà ces jours-ci. À savoir qu'il compte bien utiliser cette bataille pour consolider sa propre image : « Dans ce combat, je m'affirme et j'assume », lance-t-il. Même son de cloche d'ailleurs dans *La Tribune Dimanche*[2] : « Je mène cette campagne à ma main, y affirme-t-il. Cela m'investira d'un nouveau rapport avec les Français. » Le message est limpide – et à n'en pas douter, remarqué à l'Élysée – mais là n'est pas la nouveauté, en cette fin de semaine.

Interrogé sur l'éventualité d'une consigne de vote à passer, après le 30 juin, en cas de duels entre un candidat RN et

1. Pauline Théveniaud, « “Je m'affirme et j'assume” : les ambitions de Gabriel Attal à une semaine des législatives », *Le Parisien*, 22 juin 2023.

2. Ludovic Vigogne, « Gabriel Attal : “Le président a évidemment compris qu'il y aura dans tous les cas de figure un avant et un après cette dissolution” », *La Tribune Dimanche*, 23 juin 2024.

un candidat NFP, Attal refuse, dans *Le Parisien* comme sur RTL, de répondre clairement, de même qu'il botte en touche sur la question des désistements de ses troupes dans l'hypothèse de triangulaires, qu'on annonce nombreuses. Très nombreuses. « Je sais où sont mes valeurs », glisse tout de même au journal celui qui a démarré sa carrière au Parti socialiste, évoquant son rejet de ceux « qui carburent à la division, à la haine et à la fragilisation de notre pacte républicain ». Prière de comprendre (ou pas) : ce ne sera ni RN ni LFI. Mais surtout ni RN.

Hier, l'ancien ministre des Affaires étrangères Jean-Yves Le Drian, pourtant issu de la même famille politique qu'Attal, a de son côté choisi de dire qu'il n'aurait aucun problème à voter pour un candidat socialiste, Écologiste ou communiste face au RN… mais il a ajouté qu'il ne voterait « jamais » pour un candidat de La France insoumise aux législatives, même en cas de duel avec le Rassemblement national. Et ce, au motif de « l'histoire de ce mouvement » avec lequel il dit avoir un « désaccord profond sur les valeurs et les méthodes ».

Une autre figure de l'aile gauche macroniste, le député sortant et ancien ministre Clément Beaune – qui, pour sa part, bataille pour sa réélection dans une circonscription parisienne très ancrée à gauche – plaide à l'inverse pour « toujours voter pour le candidat qui affronte le RN », « quitte à se désister ». Marine Le Pen, elle, se gausse de ces hésitations : au soir du premier tour, « cela partira dans tous les sens, en fonction des origines politiques », prédit-elle.

Les cadres de la majorité présidentielle n'ont donc pas encore été invités à accorder leurs violons autour de leur chef – ce sera le cas cette semaine – qu'Édouard Philippe, de son côté, se met en tête que le seul véritable marqueur idéologique de cette séquence sera justement cette question du front républicain, ou du désistement républicain, selon les formulations préférées. Dans une campagne sans programmes, ou presque, à ses yeux – celui qu'a présenté Gabriel Attal est, selon ses proches, « insipide » –, la position des uns et des autres au soir du premier tour sur le sujet les définira pour longtemps, explique-t-il à son entourage. « Cette campagne, c'était une guerre de position. Pas une guerre de mouvement. Et la question du "ni-ni", ce sera le seul moment politique. Ce sera crucial. Il le voit tout de suite », vantera l'un de ses conseillers par la suite.

Cela tombe bien : autour de lui, ils sont quelques-uns à avoir désapprouvé son choix, éventé en mai, de vouloir rassembler « de la droite conservatrice à la gauche mitterrandienne ». Ils craignent qu'il ne trouble ses sympathisants et pensent que son « espace », comme on dit, se trouve à droite, et seulement à droite. Les mêmes, convaincus par ailleurs que l'intelligentsia parisienne sous-estime la peur et le rejet que suscite Jean-Luc Mélenchon chez les électeurs de droite, entrevoient dans l'échéance du premier tour une occasion pour leur chef de corriger le tir. Pas de problème pour Philippe, c'est d'autant plus clair pour lui que c'est une conviction personnelle qu'il s'est forgée ces dernières années : autant il serait prêt à voter pour un communiste s'il le fallait face au RN – quitte à faire tressaillir dans quelques chaumières de droite –, autant il ne voterait pas pour un Insoumis. Jamais. Ce sera « ni LFI, ni RN ».

Darmanin-Philippe : un déjeuner pour rien ?

Invité de l'émission de Darius Rochebin sur LCI ce dimanche soir, Gérald Darmanin est justement interrogé sur le déjeuner qu'il a partagé durant le week-end avec Édouard Philippe, dans un restaurant portugais de Tourcoing, la veille : « J'ai dit à Édouard qu'il fallait que nous construisions à plusieurs ce projet [pour la France]. Et viendra le moment où on trouvera le ou la candidate qui, unique, pourra battre les extrêmes je l'espère sur un projet… » « Avec des primaires ? » l'interrompt le journaliste. Réponse l'air tranquille du ministre sortant : « On verra bien ! Mettons pas la charrue avant les bœufs. »

S'il a toujours veillé à parler publiquement d'Édouard Philippe en termes élogieux, Gérald Darmanin a souvent varié les discours quand il s'agit de dire précisément s'il se rangera derrière lui. S'interrogeant même à haute voix, en octobre 2023, sur « l'envie » et le « projet » de l'ancien Premier ministre. Un exercice d'équilibrisme qui s'explique par le fait que le ministre de l'Intérieur est avant tout soucieux de préserver ses propres chances d'être candidat en 2027. Mais ne veut pas pour autant perdre sa place naturelle auprès du Havrais, au cas où les plans de ce dernier pour la présidentielle se dérouleraient comme il le souhaite.

En réalité – et c'est un secret de polichinelle à Horizons – les deux « amis » ont plutôt parlé de la composition de la future Assemblée. Se sont-ils dit les choses franchement ? Les experts en carte électorale du parti philippiste estiment que leur groupe, qui comptait 31 sortants, pourrait ne plus compter que 15 membres environ dans deux semaines. Soit autour du seuil minimum pour pouvoir constituer un groupe et bénéficier des avantages qui vont avec. Mais certains sont plus pessimistes.

Or, tous savent que Darmanin envisage tous les plans possibles pour lui, en concertation avec sa garde rapprochée, et notamment son principal conseiller parlementaire, Grégory Canal. Bien avant la dissolution, il avait, par exemple, entamé des discussions avec l'électron libre de LR, le député du Lot Aurélien Pradié, attaché comme lui à l'idée d'une droite « sociale ». « Darmanin, c'est un jour, une stratégie ! » raille un conseiller des Républicains auprès de nous. Darmanin redevenu député du Nord pourrait-il présider le groupe Horizons ? Cela n'est pas à exclure, surtout dans l'hypothèse où, diminué, ledit groupe aurait besoin de se remplumer en accueillant des députés de la majorité se reconnaissant mieux dans la ligne du futur ex-ministre. Mais Darmanin n'est pas entièrement aligné avec Édouard Philippe : ce qui, un jour ou l'autre, pourrait être présenté comme une forme de complémentarité, les éloigne à ce stade. Sans compter le fait que le groupe Horizons a déjà un président qui entend le rester, le Corse Laurent Marcangeli. Et le fait, bien sûr, que présider un groupe Horizons sera perçu, à coup sûr, comme une « sorte d'allégeance » de la part de Darmanin à Philippe, selon un ami des deux, ce qu'il est bien trop malin pour ne pas avoir anticipé.

« Ils ont évidemment parlé de la question du futur groupe. Mais il y avait trop d'inconnus, on ne savait pas à combien on allait sortir... », confiera pudiquement, quelques semaines plus tard, un proche de Philippe. Avec

Gérald, « les différentes hypothèses sur les chemins à faire ensemble ont été évoquées, sans que rien ne soit tranché », assurera le ministre et secrétaire général du groupe Horizons Christophe Béchu, un mois plus tard. « Mais les conditions d'un accord politique sont difficiles à trouver, l'amitié est plus facile que la politique », résumera encore un copain des deux.

La preuve : invité ce mardi 25 juin de Laurence Ferrari sur CNews, le même Darmanin lâchera, un brin perfide : « Les gens profitent de sa faiblesse pour taper sur le président », à propos des chefs à plume de la majorité présidentielle qui prennent leurs distances avec Emmanuel Macron. Non, définitivement, il n'a pas choisi son camp.

Le RN s'y voit déjà

En ce deuxième dimanche de campagne, les sondages ne disent rien de bien neuf : le RN, désormais renforcé de quelques points par son allié ciottiste, reste en tête et loin devant le bloc central en intentions de vote, bien qu'il soit talonné par la gauche unie. Les projections du jour de l'IFOP – à prendre, comme toutes les projections, avec de grandes pincettes – le placent de loin en tête des trois blocs avec 220 à 260 députés (soit plus ou moins légèrement en dessous de la majorité absolue), devant le NFP qui lui, décrocherait 185 à 215 sièges, tandis que les macronistes n'en détiendraient que 70 à 100.

Les troupes de Le Pen ne sont pas loin de se laisser griser. Et n'hésitent pas, même si elles font mine de ne pas y toucher, à apporter de l'eau au moulin de la presse qui les imagine déjà se partageant les postes à responsabilité. Dans l'interview qui s'affiche en une du *JDD* ce matin, le président du RN explique sans fard qu'Éric Ciotti aura « sa place » dans le « gouvernement d'union nationale » qu'il entend constituer en cas de majorité absolue. Mais ce n'est pas tout. Bardella ajoute que son équipe comprendrait aussi « des personnalités de la société civile », tandis que Marine Le Pen, dans une interview à *La Voix du Nord* parue hier et sobrement intitulée « Si je devais passer le balai et servir les cafés pour servir la France, je le ferais », affirme que le casting pourrait inclure des personnalités de gauche. « Car il y a des cadres de ces mouvements-là qui font le même chemin que leurs électeurs ».

Il ne dit pas qui, mais il n'en faudra pas plus pour que la rumeur du ralliement de l'ancien ministre socialiste Arnaud Montebourg circule dans le Tout-Paris politique et médiatique. Il faut dire que l'ancienne candidate à la présidentielle a dit maintes fois du bien de celui qui se présente désormais comme le défenseur d'un souverainisme « transpartisan » et qu'il s'est associé en 2023 au milliardaire conservateur Pierre-Édouard Stérin[1], dont le bras droit, François Durvye, conseille désormais officieusement Marine Le Pen (nous le reverrons). Auprès de Politico, Montebourg démentira toutefois toute « complicité avec les idées d'extrême droite »,

1. *L'Humanité* révélera mi-juillet l'existence du « projet secret » de Stérin, baptisé « Périclès », pour promouvoir ses valeurs conservatrices à travers des médias et certaines personnalités politiques de droite et d'extrême droite. Il œuvre notamment à la « victoire » du RN aux municipales de 2026. Montebourg se désolidarisera de ce projet.

soulignant simplement que « 37 % des Français soutiennent le Rassemblement national » désormais.

En réalité, une petite équipe autour de Le Pen, qui entrevoit sérieusement l'hypothèse d'une victoire du RN – elle n'est pas la seule – travaille depuis les débuts de la campagne à la préparation d'un gouvernement. Autour de la patronne, Jordan Bardella bien sûr – à ceci près qu'il bat la campagne et passe beaucoup de temps sur les plateaux de télévision – François Durvye, toujours lui, et « cinq ou six autres personnes », nous certifie une source au fait des échanges. À quoi il faut ajouter quelques notes sur une possible future architecture gouvernementale fournies par les fameux « Horaces » – ces hauts fonctionnaires anonymes qui prêtent main-forte au parti sur les idées. Ces conciliabules auraient un autre intérêt, au passage : « envoyer un signal politique, montrer nos urgences, notre façon de travailler », veut croire notre source.

Au-delà du cas Montebourg, c'est en tout cas la foire aux rumeurs de toutes sortes. La presse, depuis plusieurs jours déjà, court après les noms des ministres potentiels du RN. Et joue un peu à se faire peur. Le nom de l'ancien patron d'Axa, Henri de Castries, circulera – avant que celui-ci ne démente fermement toute intention de participer à un gouvernement RN. « Le RN est à l'opposé de ce que je défends », lâche-t-il même à nos confrères de BFM Business. Le député sortant Jean-Philippe Tanguy, un ancien du parti souverainiste de Nicolas Dupont-Aignan, fait figure d'évidence à ce stade, si Bercy devait revenir à une figure du parti. Mais bien vite l'option sera écartée, le jeune député étant perçu comme trop idéologue. Un profil

« société civile » serait idéal pour rassurer, pense-t-on : ainsi parle-t-on aussi d'Henri Proglio, l'ex-P-DG d'EDF, qui, lui, ne cherchera pas à faire taire la rumeur. De simples élus RN voient aussi leur bobine passer dans des articles sur un futur gouvernement Bardella : Laurent Jacobelli ou Frank Giletti, mais aussi la télégénique Laure Lavalette. Quant au vice-président de l'Assemblée, Sébastien Chenu, un proche de Marine Le Pen, les cadres du parti le voient déjà au Perchoir à la place de Yaël Braun-Pivet. « Il fera respecter les droits des oppositions », assurera même Philippe Olivier auprès de nous.

De quoi faire soupirer un vieux de la vieille au parti, qui s'inquiète : « Ce parti devient trop sûr de lui. La première règle, c'est toujours d'expliquer aux électeurs que rien n'est fait… »

LUNDI 24 JUIN

La lettre (et les mots) du président

Quinze jours après la dissolution, et alors que les sondages anticipent toujours une déroute pour son camp, Emmanuel Macron, toujours pas décidé à se faire discret, ouvre la semaine par une double adresse aux Français. Signe qu'il cherche à mobiliser son camp jusque dans son noyau dur, le président a d'abord participé en fin de semaine à l'enregistrement d'un épisode de « Génération Do it yourself », un podcast bien connu des entrepreneurs et autres jeunes cadres dynamiques, qui se décrit comme « le podcast français qui décortique le succès des personnes qui ont fait le grand saut ». L'ex-candidat préféré de la « start-up nation » – qui est ravi de son coup, nous rapportera plus tard l'un de ses interlocuteurs du jour – s'y livre dans une atmosphère intimiste pendant une heure et quarante-cinq minutes, rien de moins, à son animateur, Matthieu Stefani.

Bien vite, une petite phrase est repérée, raillée et dénoncée par ses adversaires : le président, renvoyant dos à dos le RN et LFI, estime que l'un comme l'autre poussent à la « guerre civile ». L'extrême droite, parce qu'elle assigne les gens à une religion ou à une origine ; La France insoumise parce qu'elle propose, selon Emmanuel Macron, « une forme de communautarisme… un peu électoral » qui renvoie « des gens exclusivement à leur appartenance religieuse ou communautaire ».

Mais c'est aussi aujourd'hui, bizarrement, que l'Élysée a décidé d'adresser une lettre du président à tous les Français, publiée dans la presse quotidienne régionale. Le chef de l'État, à mille lieues de la réserve présidentielle à laquelle certains voudraient l'astreindre, y appelle les électeurs à soutenir la « troisième voie », celle du « bloc central », face aux extrêmes – comme il l'a fait dans un discours improvisé, à l'Élysée, samedi soir lors de la Fête de la musique –, et promet, une nouvelle fois, de changer de méthode de gouvernement.

À nouveau, Emmanuel Macron explique aussi sa décision de dissoudre, prise « après une réflexion de plusieurs semaines » et qui s'est imposée comme « le seul choix possible », même s'il concède avoir ainsi provoqué « de l'inquiétude, du rejet, parfois même une colère ». Surtout, il prend soin de répondre aux insinuations de Marine Le Pen sur l'éventualité de sa démission, histoire une fois de plus de mettre un terme aux supputations : « Vous pouvez me faire confiance pour agir jusqu'en mai 2027 comme votre président, protecteur à chaque instant de notre République, de nos valeurs, respectueux du pluralisme et de vos choix, à votre service et à celui de la nation », écrit-il.

Les proches du président assuraient hier que leur patron, avant de faire publier sa lettre, avait consulté depuis sa résidence de la Lanterne une foultitude de personnalités de la majorité (Gabriel Attal, François Bayrou, Édouard Philippe, Richard Ferrand, Julien Denormandie ou Stéphane Séjourné), et qu'il aurait, nous dit-on, amendé le texte en fonction des remarques des uns et des autres. Qu'on se le dise : les lieutenants de la majorité restent groupés derrière leur chef.

Aux députés et à leurs collaborateurs qui ont perdu leur travail le 9 juin au soir, Macron dit au passage son « amitié » et son « respect ». Il n'est pas sûr que ces mots suffisent à apaiser la colère de certains ex-députés de sa majorité. « Il n'a pas saisi que la dissolution, c'était la dissolution de lui-même », tacle un cadre de Renaissance, joint au téléphone entre deux séances de tractage. Lui, comme d'autres, n'attend plus rien du président dans cette campagne : « Si on revient [à l'Assemblée], c'est pour notre gueule, c'est malgré lui », affirme le même.

L'initiative déclenche évidemment la colère des oppositions. Elle « viole la loi sur les campagnes et leur financement », s'insurge le PS Olivier Faure, alors que le LR Xavier Bertrand réclame, plutôt que des explications, « un mea culpa sincère ».

Bardella présente son programme

Jordan Bardella, de son côté, tient ce matin à 11 heures une grande conférence de presse programmatique, dans les très chics salons Hoche du VIIIe arrondissement de Paris – précisément dans le salon Élysée, ça ne s'invente pas. La presse est bien sûr venue en nombre. Éric Ciotti, légèrement à l'étroit au premier rang entre Marine Le Pen, de rouge vêtue, et le vice-président du parti, Sébastien Chenu, arbore un sourire satisfait quoiqu'un peu coincé et tâche comme il peut de répondre lui aussi aux questions posées à sa voisine – manifestement exaspérée par le bouquet de micros qu'on lui colle sous le nez – sur leurs désaccords passés.

Attaqué sur ses reculs programmatiques et sur le manque de crédibilité de ses propositions économiques depuis des jours, Bardella est venu, décidé à ne pas dévoiler de chiffrage global de son programme, comme l'ont fait, avec quelques difficultés, ses adversaires du NFP. Il ne chiffrera que le coût des mesures « d'urgence » qu'il entend prendre cet été. « On va chiffrer ce qui est chiffrable », nous a glissé un cadre du parti hier soir.

Visiblement à l'aise durant 35 minutes, Bardella, au cours de la séquence de questions, met le doigt sur un sujet à haut potentiel polémique qui lui collera à la peau pour le reste de la campagne. Interrogé à plusieurs reprises sur la mesure du programme présidentiel de Marine Le Pen qui concerne les Français binationaux, le président du RN se voit obligé de confirmer son intention de « réserver un certain nombre d'emplois stratégiques dans les secteurs liés à la sécurité ou à la défense, exclusivement à des citoyens français » – laissant entendre sans le vouloir, au passage, que les binationaux ne le sont pas, à ses yeux. Si la question lui est posée, c'est que Sébastien Chenu a déjà commis une bourde sur le sujet. Le 13 juin, celui-ci, invité de « Touche pas à mon poste », sur C8, déclarait être favorable à la suppression de la double nationalité extra-européenne, une mesure que Le Pen ne défend pourtant plus… depuis plus de deux ans (il publiera un « mea-culpa » sur son compte X dans la foulée, reconnaissant unc « erreur »). « Marine Le Pen change tellement d'avis que même le pauvre Chenu ne sait plus où il habite », s'était gaussé aussitôt Éric Dupond-Moretti sur le même réseau social, flairant l'aubaine. Depuis cet épisode embarrassant, nous rapportera un proche de l'ancienne présidente du RN, Chenu se fait quelquefois renvoyer dans les cordes quand il « l'ouvre un peu trop » en réunion.

Le Pen, quant à elle, questionnée le lendemain par la presse alors qu'elle est en campagne à Hénin-Beaumont, sera contrainte de rappeler que la réforme constitutionnelle qu'elle défend à présent comprend tout de même l'interdiction de certains postes dits sensibles – « une cinquantaine », précise-t-elle – aux Français binationaux. Présent dans la salle ce lundi, le député RN Kévin Pfeffer, que nous interrogeons discrètement sur le sujet, minimise avec un brin d'agacement : « Est-ce qu'on va passer quinze jours sur une question qui concerne quelques dizaines d'emplois ? Je ne suis pas sûr que ça intéresse les Français. »

Rapidement devenu un sparadrap, le sujet, en outre mal maîtrisé par beaucoup de candidats, coûtera cher au RN, au moins « quelques sièges », à en croire un cadre du parti qui nous le confiera après la campagne (clou du spectacle, le député du RN Roger Chudeau ira jusqu'à proposer, le 28 juin sur BFM TV, d'interdire aux binationaux de devenir ministres, ciblant l'ancienne membre du gouvernement franco-marocaine Najat Vallaud-Belkacem, avant de se faire taper sur les doigts). « C'est inutilement stigmatisant, tout le monde connaît des binationaux qui sont des patriotes sincères », reconnaîtra le même cadre cité plus haut, néanmoins convaincu que la mesure mériterait d'être prise pour « certains postes » touchant « aux intérêts vitaux de la France ». Une précision que ne donne pas Jordan Bardella ce jour.

Mais le président du RN est aussi venu expliquer aujourd'hui, en creux, la manière dont il entend exercer le rôle de Premier ministre et dont il envisage la cohabitation. « Ce sera toute la Constitution, rien que la Constitution », nous prévenait hier l'un de ses conseillers. N'allez pas croire que les lepénistes entendent par ces mots montrer patte blanche, bien au contraire. Ils ont notamment un argument en tête, qui va faire du bruit : les traditionnels « domaines réservés » (défense et diplomatie) du président ne figurent pas comme tels dans le texte fondamental... contrairement à une idée reçue selon laquelle le président de la République, seul chef des Armées sous la Ve, peut décider de tout et seul, en la matière. Dans quelques jours, Marine Le Pen ira jusqu'à dire que le titre de chef des Armées du président n'est qu'« honorifique », provoquant l'ire de l'Élysée – on y reviendra. Pour l'heure, il s'agit déjà de faire savoir que le RN ne compte pas « abandonner ou délaisser ces affaires-là ».

Et Bardella s'empare d'un sujet d'actualité qu'il connaît bien : le choix de la personnalité française qui siégera dans la future Commission européenne. Lors des dernières cohabitations, la France disposait de deux commissaires. L'Élysée et Matignon pouvaient donc chacun en nommer un. Aujourd'hui, avec un seul commissaire français, un tel arrangement est impossible. Interrogé sur le sujet par Politico, Bardella prévient en direct sur toutes les télévisions : si le RN obtient une majorité absolue à l'Assemblée et forme un gouvernement, il a bien l'intention d'avoir son mot à dire sur l'identité de la personnalité française qui siégera à la Commission. Cela fera même partie d'« une de ses premières décisions », ajoute-t-il, taquin, précisant qu'il travaille « à différents profils qui pourraient être proposés ». (Pour ceux qui n'ont pas lu le « Que sais-je ? » sur l'UE, précisons que chaque pays propose un candidat pour intégrer l'exécutif européen, poste ultra-stratégique et très convoité, encore occupé en cette fin de juin par l'ancien ministre Thierry Breton, qui est chargé du marché intérieur de l'Union.)

L'Élysée, qui planche depuis plusieurs semaines sur le sujet, ne l'entend évidemment pas de cette oreille. Mais nulle règle n'est écrite noir sur blanc et tout est affaire de pratiques et d'interprétations. Plusieurs spécialistes des questions européennes proches d'Emmanuel Macron, que nous contactons par la suite, cherchent à se rassurer. Tous soulignent que c'est une prérogative du chef de l'État que de proposer à la présidente de la Commission européenne son candidat. « Ça a toujours été le cas, même en cas de cohabitation et quand il y avait deux commissaires français », certifie un soutien du président.

Mais un gouvernement dirigé par le RN pourrait-il mettre son grain de sel ? Il pourrait « plaider un droit de regard », redoute un ex-conseiller de l'Élysée. La réponse procédera, au-delà du juridique, surtout du politique. Et il n'est pas possible d'en faire abstraction, concède encore un stratège macroniste, proche du chef de l'État : « Après tout ce qu'il s'est passé après les européennes, je ne crois pas que le président, avec une majorité absolue RN, puisse nommer qui il veut à la Commission européenne en faisant fi du fait qu'il ne gouverne plus le pays. » C'est précisément ce que voudraient faire les proches de Bardella : installer un rapport de force entre un gouvernement issu des élections et un président affaibli qui « n'a plus de parti, plus d'amis », selon un conseiller RN avec qui nous échangeons en marge de la conférence de presse. « Si le président veut jouer au bras de fer, on verra qui a le plus gros bras », lance-t-il.

MARDI 25 JUIN

Premier débat

Ce soir, sur TF1, a enfin lieu le premier et tant attendu débat télévisé de la campagne. Plus de 5 millions de Français sont devant leur poste. Face à Anne-Claire Coudray et Gilles Bouleau, Gabriel Attal, piqué au milieu de ses deux adversaires, représente naturellement la majorité sortante, Jordan Bardella le RN et… Manuel Bompard le Nouveau Front populaire. Le choix du « coordinateur » de La France insoumise pour représenter l'alliance des gauches a bien sûr fait l'objet de débats entre les partenaires, le NFP n'étant pas parvenu à désigner un candidat officiel pour Matignon. Il a finalement été décidé d'envoyer alternativement sur les plateaux les chefs des partis qui le composent (ce sera Olivier Faure jeudi sur France 2), quitte à perdre en lisibilité aux yeux du grand public.

Il semble toutefois peu probable que ces échanges âpres soient de nature à inverser la tendance lourde que dessinent les enquêtes d'opinion au fil des jours : une nouvelle Assemblée, où le camp présidentiel serait englouti par des députés RN et Nouveau Front populaire. Comme souvent, l'exercice, ingrat, consiste en fait avant tout à ne pas commettre de faux pas.

Préparé toute la journée à Matignon par sa garde rapprochée (dont son directeur de cabinet Emmanuel Moulin, l'adjointe de celui-ci, Fanny Anor, son communicant et sa plume, Louis Jublin et Raphaël Charpentier, son conseiller politique, Grégory Guillaume, son conseiller actions et comptes publics, Rayan Nezzar, et bien sûr son conseiller spécial Maxime Cordier) à coups de fiches techniques et avec l'ambition de coincer Bardella sur son programme, le Premier ministre marquera les esprits dans son camp avec deux coups, deux punchlines comme il les affectionne. Il mouche d'abord Bardella sur une proposition phare du RN consistant à exonérer d'impôts les moins de 30 ans. « Vous allez vous auto-exonérer d'impôts ? » lance-t-il à l'eurodéputé de 28 ans. « Je trouve cette proposition totalement, mais totalement hors-sol. Pourquoi est-ce qu'un ouvrier de 31 ans paierait des impôts et un consultant ou un trader de 29 ans arrêterait de payer des impôts ? » l'interroge-t-il encore, tandis que Bardella essaie vainement de lui couper la parole. « Merci, monsieur le professeur ! » s'agace le président du RN. « Je ne comprends pas cette proposition que vous ne chiffrez pas ; par ailleurs, si on vous écoute, Kylian MBappé a eu tort de partir au Real de Madrid... », ajoutera Attal face à un Bardella contraint de botter en touche.

Mais c'est sur la fameuse question de l'interdiction des emplois sensibles aux Français binationaux que le président du parti à la flamme patine décidément. Aidé de Manuel Bompard, qui lui aussi insiste sur le fait que la proposition du RN « a heurté des centaines de milliers de Français de ce pays », Attal rebondit sur une question rhétorique posée par Bardella : « Vous voulez mettre un Franco-Russe à la tête d'une centrale nucléaire ? » Réponse du Premier ministre : « Est-ce que vous pouvez dire aux Français qui nous regardent qui est Tamara Volokhova ? » Bardella s'abstient de répondre. « C'est votre conseillère au groupe ID[1] au Parlement européen. Elle est franco-russe, elle vous représente à la commission des Affaires étrangères sur des questions de sécurité et de défense… », reprend Attal, avant que le président du RN ne l'interrompe. Il le sait bien : conseillère technique au Parlement européen, la jeune femme dont le nom est mentionné a été pointée du doigt[2], notamment par la Direction générale de la sécurité intérieure, pour ses liens troubles avec la Russie. Ce que la presse s'empressera de rappeler.

Si les échanges sont tendus entre Attal et Bardella, qui, bien souvent, parlent en même temps, le coordinateur de LFI, de son côté, cravaté pour l'occasion, est pris à partie non seulement par le Premier ministre mais aussi par le président du RN, qui, lors de sa conférence de presse d'hier, avait déjà ciblé le Nouveau Front populaire plus que la majorité sortante. La raison : le RN anticipe pour le second tour davantage de duels contre le NFP que contre le camp présidentiel. Dans cette perspective, décryptait hier un stratège lepéniste, la coloration Insoumise de l'union est un

1. Identité et démocratie, groupe auquel appartenait jusqu'en juillet 2024 la délégation du RN au Parlement européen.

2. Marine Turchi et Madeleine Leroyer, « Prêt russe : des mails hackés révèlent la proximité entre Marine Le Pen et le pouvoir poutinien », Mediapart, 14 septembre 2023.

« repoussoir » à mettre en avant, « y compris pour les électeurs centristes, qui, même s'ils ne sont pas d'accord avec [le RN], ont peur du NFP et de son programme ».

Mais Bompard l'a bien senti et se montre calme, courtois, du début à la fin du débat. « Pas de saillies intempestives, pas de harangues mélenchonesques, pas de doigt vengeur pointé vers l'adversaire, pas de rodomontades croquignolesques. [...] Au jeu du "on baisse d'un ton", il faut reconnaître que [...] l'homme de confiance de Jean-Luc Mélenchon a tiré son épingle du jeu. [...] Le numéro 2 de La France insoumise est incontestablement sorti de son rôle d'apparatchik, de l'image de grand manœuvrier, de mécano des tâches obscures de son mouvement, pour endosser le costume du bon bougre, moins obtus qu'on ne le croyait », notera le journaliste Serge Raffy sur le site du *Point.*

S'il est très absent de certains échanges ou prises de bec, le député sortant des Bouches-du-Rhône en profite pour dérouler clairement ses idées par la suite, règle des temps de parole oblige. Il assume sa ligne franchement de gauche avec une maîtrise certaine du programme du NFP. Entre autres répliques : « Oui, il y aura d'avantage d'impôts pour les 8 %, et en particulier pour les 1 % les plus riches », répond-il simplement aux journalistes qui le questionnent sur le programme fiscal du NFP.

Ni ni-ni, ni Front

Nous voici à quatre jours d'un premier tour qui s'annonce comme un big bang politique. Ce matin encore,

le politologue Jérôme Jaffré anticipe d
« tremblement de terre ». Son tableau r
nous dressaient hier au téléphone deux exp
électorale issus de camps différents et qui av
pris plusieurs jours pour analyser l'équation p
577 circonscriptions. Leurs prévisions : plusieur es
de candidats RN et NFP élus dès dimanche, une multitude de duels entre le RN et le Nouveau Front populaire, beaucoup, beaucoup de triangulaires (entre 200 et 300, contre… 8 en 2022), et de nombreux ministres et députés sortants du camp présidentiel éliminés dès le premier tour.

Alors, que faire, dimanche soir ? Quelle consigne de vote faudra-t-il passer ? Dans quels cas des candidats macronistes arrivés troisièmes au premier tour devront-ils se désister ? C'est justement le sujet un poil sensible de la réunion en visio autour d'Emmanuel Macron à laquelle ont été conviés en ce début d'après-midi Gabriel Attal, plusieurs ministres et présidents des partis de la majorité.

Des tendances contradictoires se dessinent. La première, majoritaire, notamment défendue par Yaël Braun-Pivet et Gérald Darmanin, est la suite logique de la ligne tenue par le président de la République depuis le début de la campagne (ou de ses propos sur LFI qui, comme le RN, risque selon lui de mener le pays à la « guerre civile ») : « C'est le combat contre les deux extrêmes : RN et LFI. C'est cette ligne qu'il va tenir [entre les deux tours] », nous assure un participant. Dit autrement, la position de principe du « ni-ni » (ni RN

1. Claire Conruyt, « Jérôme Jaffré : "Le RN a des chances réelles d'obtenir une majorité absolue" », *Le Figaro*, 25 juin 2024.

.. LFI), qui consiste à distinguer les candidats Insoumis de ceux des autres partis de gauche, tient la corde, plutôt que celle d'un barrage contre le seul RN. Un cran plus loin : sur Europe 1, Aurore Bergé, issue de la droite comme le ministre de l'Intérieur, a carrément estimé prioritaire de s'ériger « en rempart » face... au Nouveau Front populaire (dans son ensemble, donc).

Les tenants de la seconde tendance, tous représentants de l'aile gauche de la Macronie, s'apprêtent à apposer leur signature à une tribune à paraître dans *Le Monde* demain, appelant à faire barrage à tout prix au RN, au nom de la « catastrophe démocratique, économique, sociale et écologique » que son arrivée au pouvoir représenterait selon eux. Parmi de nombreux élus socialistes ou Écologistes, donc, quelques vaillants macronistes : l'ancien ministre Clément Beaune – toujours en campagne et mal en point dans sa 7e circonscription de Paris – l'actuelle ministre et candidate dans le Pas-de-Calais Agnès Pannier-Runacher et leur ex-collègue de gouvernement Stéphane Travert.

Résultat des courses (et signe que les huiles de la majo ne sont effectivement pas en phase sur le sujet) : rien ne sera tranché. Hormis le fait qu'« il ne faut pas parler de ces sujets avant le premier tour », pour ne pas laisser penser que le défaitisme s'est emparé de la Macronie, nous rapporte un participant. Comprenez : si on vous pose la question, bottez en touche.

Pour ce qui est du désistement ou du maintien des candidats macronistes qui arriveront en troisième position, le mieux, là encore, est de s'abstenir de faire un choix dès à présent : le « cas par cas » sera la règle après analyse des résultats, décide-t-on. « L'objectif est de pouvoir donner notre position circonscription par circonscription lundi à 18 heures, veille du dépôt des candidatures », nous expose encore un présent à la réunion. Traduction : le désistement ne serait pas toujours pertinent. Exemple : même s'il y a un risque qu'un candidat RN soit élu, un candidat Ensemble arrivé troisième pourrait être appelé à se maintenir si ses réserves de voix sont jugées plus importantes que ses deux adversaires ou si son retrait n'a que peu de chances d'empêcher la victoire du RN.

« Tout ceci ne se décidera pas à Paris de toute façon », soupirera, quelques heures après la réunion, un stratège du camp présidentiel, pas convaincu (on l'aura deviné) de la pertinence de ce conciliabule élyséen bien loin, selon lui, des réalités de terrain, dans un contexte où chacun joue sa peau. De fait, les coups de sonde que nous avons lancés ces derniers jours laissent à penser qu'après une dissolution qu'ils jugent aberrante, de nombreux candidats de la majorité sortante ne seront pas du tout d'humeur à prendre leurs ordres, de désistement ou de consigne de vote, de l'état-major parisien. « Ce sera ma décision ! » nous avertissait un député Renaissance au téléphone il y a quelques jours. Le même jurait ne pas être sûr de prendre Emmanuel Macron au bout du fil si celui-ci l'appelait pour lui dire quoi faire... Bigre.

Ces derniers jours, pourtant, une cellule s'est constituée au siège du parti présidentiel. L'objectif : préparer la soirée du premier tour, et, au-delà, l'entre-deux-tours des élections. Faire du « ligne à ligne », comme disent les habitués des commissions d'investiture et autres soirées électorales.

Dans la perspective où il faudra organiser le « débranchage » d'un certain nombre de candidats macronistes pour empêcher des frontistes de l'emporter. Dans la perspective, aussi, où il faudra négocier le retrait de candidats de gauche en faveur de ceux du camp présidentiel.

Deux proches de Gabriel Attal jouent notamment un rôle moteur : Antoine Pavamani, surtout, et Grégory Guillaume, tous deux membres du cabinet du Premier ministre et tous deux issus de la gauche – ce n'est pas qu'un détail. À leurs côtés, dans le désordre : Tatiana Paulange-Vivier, conseillère parlementaire à Matignon, Mélusine Binder, ancienne conseillère en communication de la campagne en 2022, qui a posé des jours (elle a rejoint le groupe Barrière) pour se joindre à l'effort, Christelle Delmas, ancienne dircab de Séjourné au parti, devenue dircab adjointe de la ministre Dominique Faure. Deborah de Lieme, secrétaire générale du groupe Renaissance à l'Assemblée, prête elle aussi main forte. Leur point commun à tous, résumé par l'un d'entre eux : « Eux, ils connaissent les territoires, les élus, la carte, et ils viennent de milieux politiques où on sait faire. » Comprenez : contrairement à ceux de l'Élysée.

Plus en surplomb, Maxime Cordier, le conseiller spécial d'Attal, et Stéphane Séjourné, sont bien sûr présents aussi.

MERCREDI 26 JUIN

Ça se rapproche

À la veille du second grand débat de la campagne, Jordan Bardella a choisi CNews pour opérer discrètement ce soir un nouveau rétropédalage programmatique – pardon, un « ajustement », comme on dit au sein du parti à la flamme. Le président du RN a en effet repris sa copie sur son projet d'exonérer d'impôt sur le revenu les moins de 30 ans, après que Gabriel Attal l'a mis en difficulté sur le sujet. « Il y aura un plafond », a-t-il annoncé, ponctuant sa réponse d'un « évidemment » – nous restons perplexes sur le caractère évident de cette précision tardive.

Mais à gauche aussi, on se prépare à affronter quelques sujets épineux. Olivier Faure fourbit en effet ses armes pour le second débat de demain soir, au JT de TF1, re-re-re-martelant que le candidat à Matignon du NFP, « ne sera pas Jean-Luc Mélenchon » (rejoignant ainsi, pour la première fois depuis longtemps, la ligne de François Hollande, qui ne disait pas autre chose sur BFM TV, quelques minutes plus tôt). Car les tweets enflammés de JLM et de son fidèle Adrien Quatennens hier soir, dans la foulée du premier débat, projetant le coordinateur de La France insoumise Manuel Bompard à Matignon – « Il est mieux qu'au niveau ! » a notamment écrit l'Insoumis en chef –, n'ont trompé personne. Mélenchon est bien décidé à ne pas mettre la sourdine. Coucou, c'est lui : le patron des Insoumis ne participera certes à aucun débat, mais s'exprimera encore jeudi sur M6, une heure avant le débat.

Et qu'on n'aille pas lui opposer une fois de plus les résultats des européennes, marqués par un retour en force de la ligne soc-dém, puisqu'il a déjà « payé de 100 circonscriptions » les socialistes pour leur faire accepter l'accord du NFP, a-t-il dit avec une condescendance certaine, hier sur France 2 – oubliant au passage qu'officiellement il n'a pas participé aux négociations. « Je ne suis candidat à rien », jurait crachait Mélenchon dans le même temps, parlant d'un « malentendu » face à Caroline Roux, quarante-huit heures après avoir dit qu'il voulait « gouverner ce pays » (ne nous dites pas que vous êtes perdus ?). « C'était dans le flot de la discussion, [...] admettez que je ne suis peut-être pas le moins mal placé pour exercer cette fonction », a-t-il encore ajouté, dans un goûteux lapsus.

Plus grand monde à vrai dire au sein du NFP ne pense pouvoir empêcher Mélenchon et ses proches de continuer de mettre l'alliance sous tension. Avec un (véritable) objectif : reprendre le leadership sur la gauche après les européennes. « Ils [la direction de LFI] jouent à perdre, en espérant revenir au centre du jeu [après les élections] », se désespère un élu Insoumis auprès de nous. « Ils ne sont pas en train de tout faire pour que le programme du NFP soit appliqué, mais pour le saboter, sous prétexte qu'il y a un autre coup à jouer en 2027 », soupire un autre élu du parti.

C'est ce matin que paraît une interview de Marine Le Pen au quotidien breton *Le Télégramme*[1] qui marque une nouvelle étape dans le durcissement des relations avec l'exécutif. Interrogé par notre confrère Hubert Coudurier sur la façon dont elle imagine une future cohabitation entre Emmanuel Macron et Jordan Bardella sur le plan « diplomatico-militaire », l'ancienne candidate à la présidentielle répond sans détour : « Chef des armées, pour le président, c'est un titre honorifique puisque c'est le Premier ministre qui tient les cordons de la bourse. Jordan n'a pas l'intention de lui chercher querelle, mais il a posé des lignes rouges. Sur l'Ukraine, le président ne pourra pas envoyer de troupes. » L'expression « titre honorifique » fait sursauter à l'Élysée. On commençait à comprendre que le RN entendait préparer les esprits à une cohabitation dure (ou à pas de cohabitation). Mais comment celle qui vise la fonction suprême pour elle-même peut-elle l'affaiblir à ce point ? s'interroge un conseiller du président auprès de nous.

Gabriel Attal, sur France 2, dénoncera demain soir face à Jordan Bardella un « tournant assez grave » dans la campagne, accusant Marine Le Pen de ne pas respecter la Constitution. « S'il y a une chose qui fonctionne [dans nos institutions], c'est la chaîne de commandement », ajoutera-t-il.

1. Hubert Condurier, « Marine Le Pen : "Le président n'aura pas le choix du Premier ministre" », *Le Télégramme*, 26 juin 2024.

En réalité, beaucoup admettent *off the record* que Marine Le Pen n'a pas tort sur un plan théorique. Au RN, on assure avoir d'ailleurs consulté des constitutionnalistes. Quant au risque d'affaiblir une fonction qu'elle convoite pour elle-même, on ne voit pas bien le problème : « Elle vise la fonction suprême… mais avec un Premier ministre de chez nous ! Là, elle s'en prend au président, certes, mais à un président qui est totalement décrédibilisé… », décrypte un parlementaire RN que nous interrogeons sur le sujet. À croire, décidément, que Le Pen envisage vraiment l'hypothèse d'une démission du président. « En droit, ils ont raison. En politique, c'est plus contestable », analysera un expert de la Constitution consulté a posteriori. « Disons que soit c'est une erreur stratégique de leur part, soit elle a vraiment la volonté d'affaiblir Macron pour l'acculer à une forme de démission. Dans ce cas, mieux vaut éviter une cohabitation sur le long terme, et le marginaliser… »

De fait, dans les mêmes colonnes, Le Pen réitère son coup de pression sur le président (pas une demande, un simple « constat », souvenez-vous) : « Emmanuel Macron ne se représentant pas, sa situation ne sera pas très confortable. Je n'anticipe pas car je ne sais pas quelle sera sa réaction. Est-ce que, compte tenu de son orgueil, il va le supporter longtemps ? » fait-elle mine de s'interroger.

JEUDI 27 JUIN

Savoir attendre l'autre joute

À trois jours du premier tour, la pression monte toujours aussi bien à gauche qu'en Macronie sur la question des désistements d'entre-deux-tours. Cela ne fait plus aucun doute pour personne : une foultitude de duels RN-NFP et de nombreuses triangulaires, plus de 200, sans doute, sont aussi à attendre. Dès lors, une question se pose : la gauche et les macronistes parviendront-ils à s'entendre pour favoriser l'élection de quelques-uns de leurs candidats respectifs contre le RN ?

Si le camp présidentiel, malgré une hésitation apparente, a commencé à prendre – discrètement – le dossier en main depuis le siège du parti, le NFP n'est pas en reste. Car l'inquiétude gagne. Des études menées par l'institut Cluster 17 montrent que le taux de report de voix potentiel d'électeurs macronistes vers des candidats issus de l'alliance des gauches, déjà pas très haut (autour de 33 %), a chuté depuis le début de la campagne. Il est désormais proche de 20 % (le reste se partageant entre l'abstention, majoritaire, et le vote RN au second tour, pour une minorité non négligeable de 10 %). La faute, sans doute, à une campagne très anti-LFI des opposants au NFP. « Ça va être une boucherie », s'inquiète auprès de nous un cadre Écolo.

Surtout, depuis dimanche dernier, Marine Tondelier et ses proches, parmi lesquels l'eurodéputé David Cormand ou le délégué général du parti, Augustin Augier, ont commencé leur « tournée des popotes », comme ils disent. Et appellent, tour à tour, différentes personnalités de la majorité présidentielle avec qui le courant passe pour préparer le terrain : le président de l'UDI Hervé Marseille (qu'Augier, qui est le fils de Marielle de Sarnez, figure du MoDem disparue en 2021, connaît très bien et de longue date, comme d'autres centristes), l'ancien ministre, très proche du président, Julien Denormandie, le ministre de l'Agriculture Marc Fesneau – candidat lui-même et Monsieur « carte électorale » du MoDem depuis des années –, le fidèle d'Édouard Philippe Gilles Boyer aussi. « C'est dur, on comprend, ils sont encore dans leur campagne de premier tour, ils sont en mode "danger" LFI pour se faufiler au second tour », analysera David Cormand a posteriori auprès de nous. De fait, les sondages indiquent une légère remobilisation de l'électorat d'Emmanuel Macron de 2022. « Mais ils ne m'envoient pas chier, je suis assez confiant. » Marine Tondelier, elle, parlera à Édouard Philippe et à Stéphane Séjourné.

L'entourage de l'Écolo en chef décide alors de mettre en place son « plan de désistement républicain », avec un appel réciproque au retrait dans le cas de triangulaires. En début de semaine, la secrétaire nationale a prévenu, dans un entretien à l'AFP, que tous les candidats Écolos arrivés troisièmes et dont le maintien participerait à l'élection d'un candidat du Rassemblement national devraient se désister, quoi qu'il arrive. Hier, elle a publié une « lettre aux partis politiques du centre et de la droite », leur demandant une rencontre afin d'éviter l'arrivée de l'extrême droite au pouvoir. « J'avoue ne pas comprendre votre incapacité à tenir des propos aussi clairs » (que les siens), y écrit-elle. Ce jeudi, le Parti communiste emboîte officiellement le pas aux Verts via un communiqué. « Nous le ferons sans aucune attente », a aussi expliqué Olivier Faure hier soir sur TF1, sur le ton de l'évidence, lui qui avait déjà signé la tribune parue mardi matin dans *Le Monde*. Mais le premier secrétaire du PS demande surtout « la réciprocité » aux candidats macronistes. « Je les vois hésiter, a-t-il ajouté. Soyez des républicains, soyez du bon côté de l'histoire. »

Ça coince, en revanche, à ce stade, du côté des Insoumis qui se sont, eux, montrés plus flous, en miroir de la ligne officielle qui vaut encore à cette heure pour le bloc central. Ils appellent pour l'heure à décider « au cas par cas » si l'un de leurs candidats se retrouve dans une triangulaire en troisième position.

Deuxième round

Olivier Faure, qui s'est chauffé la voix – pardon, qui s'est entraîné – jusqu'à 15 heures aujourd'hui avec sa garde rapprochée, après avoir affûté ses arguments hier en compagnie des élus locaux Benoît Payan, Johanna Rolland et Sébastien Vincini, aura vainement plaidé pour que l'écologie fasse partie des principaux sujets abordés ce soir en débat. « Nous sommes les seuls à proposer un changement de cap », aura-t-il tout juste l'occasion de glisser durant les quelques minutes malgré tout consacrées au sujet, rappelant que le NFP compte investir 30 milliards d'euros dans la transition écologique. Une séquence au cours de laquelle ses deux adversaires tâcheront sans surprise d'enfoncer un coin entre lui et ses partenaires du NFP sur la question du nucléaire (il leur rétorquera que « personne à gauche ne propose de fermer une centrale nucléaire tant que nous n'avons pas la capacité d'être souverains dans notre production d'énergie »).

Ce soir encore, Jordan Bardella, quant à lui, devra répondre aux interrogations multiples sur sa proposition d'interdire l'accès à certains emplois sensibles aux Français binationaux et, plus encore, sur les propos racistes, antisémites ou homophobes de certains candidats du RN, face à un Gabriel Attal très insistant sur le sujet. « Vous êtes le premier menteur de France », tentera le patron du RN.

Jamais 2 sans 3 (loupés)

Caramba, encore raté ! Ce jeudi, en fin de journée, le tribunal judiciaire de Paris déclare irrecevable en référé la troisième tentative de LR d'exclure son président Éric Ciotti.

Dans le détail : les cadres du parti ont saisi le juge hier matin pour demander la nomination d'un administrateur indépendant pouvant convoquer un bureau politique du parti, seule instance en mesure de révoquer le mandat du Maralpin. Car pour mémoire, selon les statuts, seul le président du parti a le pouvoir de convoquer un « BP », à moins que 700 membres du conseil national (le parlement du parti), le réclament. Or les anticiottistes (Laurent Wauquiez, Annie Genevard, Bruno Retailleau) étaient parvenus, disaient-ils, à réunir lundi les signatures de 700 conseillers nationaux. Mais voilà, le tribunal a des doutes : « Il ressort de la lecture du tableau [...] que ce nombre en réalité inclut de très nombreux courriers non signés [et] qu'aucune vérification du versement des cotisations par les signataires n'a été opérée ». Oups.

Déjà, le 14 juin dernier, la justice avait suspendu l'exclusion de Ciotti décidée lors des bureaux politiques des 12 et 14 juin. Cette dernière tentative était censée être juridiquement plus solide. Sans commentaire. Pas si grave, balaye-t-on au siège de LR : dans un communiqué, le parti a pris « acte » de la décision de justice, estimant qu'elle « ne tranche rien sur le fond ». Surtout, et c'est nouveau : les ténors du parti seraient désormais moins pressés de sortir Ciotti, leurs candidats à la députation préférant que la priorité soit donnée à la campagne plutôt qu'à ce feuilleton peu glorieux.

Ciotti, lui, jubile. Car les nouvelles ne sont pas seulement bonnes sur le front judiciaire. Certes, il n'a pu entraîner avec lui qu'une seule députée LR, contrairement à ce qu'il a fait miroiter à Marine Le Pen et à Jordan Bardella. Mais peu importe. Un stratège du parti, qui a récemment échangé avec lui, témoigne auprès de nous de la joie du président-pas-encore-déchu de LR de voir son alliance avec le RN validée sur ses terres niçoises. « Il va vraiment bien, il dit qu'il n'est toujours pas fan de Le Pen, mais qu'il aime bien Bardella », raconte notre homme.

Ciotti s'affiche « libéré » d'ailleurs dans *Le Monde*[1], ce jeudi, et prêt à faire son entrée dans un éventuel gouvernement RN – à l'Intérieur ou aux Armées, parie-t-on ces jours-ci dans les conversations parisiennes (en réalité, Marine Le Pen lui a dit franchement dès le moment où ils ont conclu leur accord qu'elle ne lui confierait pas la Place Beauvau, de même qu'il se voit mal atterrir aux Armées, ayant été exempté de service militaire, il craint trop pour son image, apprendra-t-on plus tard par une source informée des négociations). Il ne sera peut-être pas élu dès le premier tour. Mais il peut rêver de « faire le grand chelem dans les Alpes-Maritimes », estime un expert de la carte électorale. Comprendre : rafler pour sa famille d'adoption lepéniste l'intégralité des circonscriptions du département.

1. Solenn de Royer, « Éric Ciotti "fidèle à lui-même" et sans états d'âme après son ralliement au RN », *Le Monde*, 27 juin 2024.

VENDREDI 28 JUIN

Dernière station avant l'inconnu

Il ne reste que quelques heures aux candidats aux législatives avant d'être condamnés au mutisme, ce soir, à minuit, jusqu'à la fermeture des bureaux de vote dimanche. Le dernier « rolling » de l'Institut français d'opinion publique (IFOP) – un sondage par parti réactualisé chaque jour à 17 heures, qui fait généralement le délice des fanas de politique – ne laisse présager aucune surprise : l'union de la gauche se maintient à 29 % d'intentions de vote, le « bloc central », comme on dit désormais, juste au-dessus de 20 %, et le RN, avec ses alliés ciottistes, atteint 36,5 % – il est le seul des trois grands blocs à avoir progressé (de deux points et demi), selon l'institut, depuis dix jours.

On l'a vu, les spécialistes de la carte électorale s'accordent surtout sur le fait que les cas de triangulaires se compteront par dizaines. Ou plutôt par centaines. « Entre 200 et 240 », estime Brice Teinturier d'Ipsos. Mais ils s'attendent aussi à dénombrer dans trois jours des dizaines de candidats du Rassemblement national et du Nouveau Front populaire élus dès le premier tour… et autant de prétendants macronistes éliminés du même coup. « Dimanche soir, il faudra faire le compte des morts », anticipe crûment l'un d'entre eux auprès de nous.

À ce sujet, d'ailleurs, le ministre de l'Économie Bruno Le Maire nous fait part de sa perplexité, alors que nous déjeunons avec lui : « À l'Élysée, ils croient encore qu'on peut revenir avec 250 députés. » « La grande question, c'est : est-ce que c'est une dissimulation complète ou du déni ? » s'interroge-t-il face à ce qu'il estime être un pronostic délirant. Faux, corrigera a posteriori un proche du président : « À ce moment-là, on sent depuis le début de la semaine que les rapports de force sont établis et que la mobilisation va être assez forte, quoiqu'on ait un petit doute sur les conséquences que ça va avoir. Mais on a perçu que dans l'hypothèse où les sondages disent juste, il faudra être hyperclairs et offensifs sur la stratégie de désistement républicain. C'est le seul moyen d'empêcher le RN d'avoir la majorité. »

À l'Élysée, Jonathan Guémas réfléchit déjà ce vendredi, à la demande d'Emmanuel Macron, à ce que ce sera l'expression du président dimanche soir, si les sondages se confirment. Il faut trouver le bon « wording », comme on dit en Macronie, pour annoncer les désistements à venir, sans dérouter les électeurs de son camp. Le chef de l'État s'agace d'ailleurs de la tribune publiée sur le site de *L'Express*[1] ce jour, signée de son ancien conseiller spécial, le marcheur de la première heure Philippe Grangeon, un temps considéré comme « l'hémisphère gauche » du président.

Il n'ignore pourtant pas que Grangeon a profondément

1. Philippe Grangeon, co-fondateur d'En Marche : « Placer le RN et LFI sur un pied d'égalité est dangereux », tribune, *L'Express*, 28 juin 2024.

désapprouvé son choix. Dimanche 9 juin au matin, le sang de l'ancien conseiller n'a d'ailleurs fait qu'un tour lorsque son ami Alexis Kohler l'a alerté de l'annonce que le président s'apprêtait à faire. Lui qui, quelques jours plus tôt, n'avait pas pris au sérieux les indices que lui avait donnés le secrétaire général de l'Élysée, a alors pris la plume sans perdre de temps pour expliquer son point de vue à Emmanuel Macron, dans un courrier qu'il lui a fait porter. Le chef de l'État l'a appelé dans sa voiture de retour du Touquet.

Grangeon estimait pour sa part qu'il était essentiel que les macronistes tiennent compte de l'échec qui s'annonçait pour les élections européennes, et l'avait fait savoir. « Ne négligez pas ça », avait-il dit à Kohler. Mais son idée à lui consiste à « repenser la majorité relative » en essayant de « trouver un gouvernement de concorde ». « Tu as connu des moments plus durs que ça, ça n'est pas non plus un drame, on se sort d'un échec électoral... », lui a soufflé Grangeon, en référence à l'épisode des Gilets jaunes, notamment. Rien n'y fera.

« Placer le RN et LFI sur un pied d'égalité est dangereux », écrit à présent celui qui fut aussi conseiller de Nicole Notat à la CFDT. « La République est en danger, prévient-il. Et je veux alerter ma famille politique contre la tentation périlleuse du "ni-ni" [...]. Placer l'extrême droite et La France insoumise, qui n'est qu'une partie de la coalition du Nouveau Front populaire, sur un pied d'égalité, est dangereux. » Une sortie ouvertement critique que *Le Monde*[1], notamment,

1. Thibaud Métais et Laurent Telo, « Législatives 2024 : les macronistes de la première heure appellent au désistement face au RN », *Le Monde*, 29 juin 2024.

n'a pas manqué de repérer et présente cet après-midi comme « une preuve supplémentaire de l'isolement progressif, voire définitif », du président.

De fait, Grangeon n'est pas le seul à piquer. « Je ne comprends pas que quelqu'un de son intelligence n'ait pas l'idée qu'il est incongru de refuser aux autres ce qu'il a demandé pour lui : l'élire pour faire barrage au RN, selon sa promesse de 2017. Il a réitéré le même discours à la tour Eiffel, le soir de sa réélection en 2022 », déclare Dani Cohn-Bendit au *Monde*. Le patron du groupe SOS Jean-Marc Borello, lui aussi un vieux compagnon de route du président, exprimera samedi ses réserves, cette fois sur le réseau social professionnel LinkedIn. Lui non plus n'a l'air d'espérer aucune surprise, aucun rebond inattendu demain. Il appelle à voter contre l'extrême droite « sans ambiguïté », « quoi qu'il nous en coûte, et quelle que soit l'alternative ».

SAMEDI 29 JUIN

Les dés sont jetés

En fait de « clarification » en vue, l'angoisse est à son comble. Un signe qui ne trompe pas : la Bourse de Paris, « mise à mal par la dissolution et l'incertitude entourant la prochaine législature », a terminé la journée d'hier sur sa « pire performance mensuelle en deux ans », souligne *Le Monde*.

Du côté du RN, on continue à envisager les scénarios les plus favorables. Si le parti ne décroche pas la majorité absolue, comme l'a pronostiqué Marine Le Pen cette semaine dans *Le Télégramme*, on compte au moins sur une majorité relative. Mercredi, l'ancienne candidate à la présidentielle a réuni ses plus proches lieutenants pour une réunion stratégique[1] visant à trancher la question qui les taraude depuis quinze jours, que nous formulera ainsi l'un des participants : « À partir de combien [de députés] on dit "OK" pour gouverner ? » Bien sûr, il n'est toujours pas question d'envoyer Jordan Bardella à Matignon sans

1. Jules Pecnard, « Bardella compose déjà son gouvernement », *La Tribune Dimanche*, 30 juin 2024.

majorité absolue – quoique quelques-uns estiment que le parti « ne peut pas se permettre de ne pas y aller » s'il arrive en tête, nous raconte le même. « Mais l'idée que si on en a 270, on peut essayer d'en trouver 19, ne nous paraît pas complètement aberrante. Alors on ne va pas fermer la porte totalement », poursuit-il. C'est Le Pen et Bardella eux-mêmes qui tranchent sur le nombre de 270. En dessous, donc, ce sera trop dur, estiment-ils. Au-dessus, les caciques du RN décident de se laisser quelques jours après le second tour « pour essayer ».

Leur idée, en toute logique : tendre la main à quelques députés des Républicains, qui risquent de se retrouver dans un groupe plutôt rabougri. « À droite, ils veulent tous être ministres », fanfaronnera demain un conseiller RN cité par *La Tribune Dimanche*. Selon le journal, des discussions seraient même entamées avec deux membres du groupe Liot (un groupe majoritairement centriste mais à la composition hétéroclite).

N'empêche que la mission s'annonce déjà compliquée. Car il a déjà fallu boucher les trous au moment des investitures pour le futur groupe d'Éric Ciotti. Si d'aucuns au RN le présentent comme le futur « Horizons » du parti à la flamme, il pourrait bien, en effet, compter dans ses rangs quelques membres en réalité venus… du RN, le (toujours) président des Républicains ayant eu le plus grand mal, on l'a vu, à trouver 62 candidats de son côté comme convenu.

Candidate dans les Alpes-de-Haute-Provence, Sophie Vaginay, par exemple – qui sera élue – figure sur les listes LR-RN, alors qu'elle a claqué la porte des Républicains en décembre 2022 pour… protester contre l'élection d'Éric Ciotti à la présidence. Elle jugeait l'homme, à l'époque, « trop ambigu vis-à-vis du RN » (véridique !). C'est Franck Allisio, un député RN sortant, qui a commencé sa carrière à LR – ou plutôt à l'UMP, à l'époque –, qui a proposé son nom à Ciotti, le RN l'ayant déjà dans le viseur pour candidater. Mais elle n'est pas la seule. En fait, la rumeur court même à LR que les listes ciottistes sont truffées de candidats RN pur sucre, dont plusieurs refilés justement par Allisio. « Ils vont le tenir », se frotte déjà les mains un ancien collaborateur de Ciotti. Comprenez : quand bien même le Maralpin parviendrait à former un groupe (il faut pour cela 15 députés), ses membres, des affidés de Bardella, pourront le lâcher à tout moment s'il prenait trop ses aises. Point du tout nous assurera néanmoins le parti, qui reconnaît n'avoir soufflé qu'une « dizaine de noms » pour les investitures.

DIMANCHE 30 JUIN

La grenade dégoupillée

Qu'a-t-il en tête ? Après avoir voté sous l'œil des caméras à la mi-journée, au Touquet, le président réapparaît en début d'après-midi, arborant une dégaine de star incognito des plus incongrues (son look de week-end, en réalité, nous assurera un conseiller) en tout cas pour un jour où la France retient son souffle. Engoncé dans un blouson en cuir de style aviateur, zippé du haut de son jean slim jusqu'au foulard rayé qu'il a autour du cou, le regard dissimulé sous une casquette noire et des Ray-Ban façon Tom Cruise dans *Top Gun*, il marche d'un pas rapide, les épaules légèrement en avant, souriant et saluant le moindre passant d'une poignée de mains. Suivi de près par ses officiers de sécurité et précédé de son épouse, Brigitte, qui, sveltissime et de noir vêtue, s'attarde un instant devant la vitrine d'une boutique Chevignon.

Quelques heures plus tard, le président est briefé sur les résultats. Comme on s'y attendait, le vote des Français a été massif (66,71 %). Comme les sondages l'avaient aussi prévu, sa « grenade dégoupillée » – selon sa propre expression au début de la campagne, rapportée par *Le Monde*[1] et démentie par l'Élysée – a roulé entre les jambes des candidats RN et du Nouveau Front populaire pour s'arrêter sous celles des macronistes. Ceux-là ne sont que 300 qualifiés au second tour, contre 417 en 2022. Dans quelques minutes, donc, ce sera officiel : certes, les « morts » du premier tour sont un peu moins nombreux que certains ne le redoutaient, mais avec un score national de 20 %, la future ex-majorité présidentielle (Renaissance, MoDem, Horizons) n'a aucune chance de se reformer telle qu'elle existait.

Et la vague attendue est en train de déferler : le RN totalisera, avec ses alliés ciottistes, 33,14 % des voix au niveau national (les scores définitifs ne seront connus que demain au petit jour), un score historique. L'extrême droite est mathématiquement en mesure d'obtenir une majorité absolue à l'Assemblée dimanche prochain. Comme 73 autres candidats du RN ou LR-RN, Marine Le Pen est réélue dès le premier tour dans le Pas-de-Calais.

Le Nouveau Front populaire quant à lui est en position de former le deuxième ensemble de la future Assemblée, avec 28 % des voix. Trente-deux sont d'ores et déjà élus. À Paris, le socialiste Emmanuel Grégoire balaie l'ancien ministre Clément Beaune dès le premier tour (ce sera confirmé dans la soirée), tandis que Stanislas Guerini, toujours en charge de la Fonction publique au gouvernement, peut se maintenir mais a toutes les chances de subir le même sort la

1. Solenn de Royer, « Emmanuel Macron, qui a déclenché cette dissolution pour piéger les partis, s'est piégé lui-même », *Le Monde*, 14 juin 2024.

semaine prochaine, avec 12 points de retard sur son adversaire Écologiste.

Historique aussi : du fait d'une participation très élevée, on compte un peu plus de 300 circonscriptions avec trois qualifiés (le ministère de l'Intérieur en dénombrera 307). Sur le papier, ces seconds tours à trois têtes d'affiche favorisent les candidats du RN. Alors le décompte s'enclenche : les états-majors des partis ont trente-six heures devant eux – jusqu'à mardi soir 18 heures, clôture du dépôt des candidatures en préfecture – pour toper sur un certain nombre de désistements « républicains ». C'est entendu : plus leur nombre sera important, moins le RN aura de chance d'obtenir une majorité absolue à l'Assemblée. En tout cas en théorie.

Madame est servie

À 18 h 30 à l'Élysée, où il est rentré un tout petit peu plus tôt, Emmanuel Macron réunit autour de lui les chefs des partis de la coalition centrale : François Bayrou pour le MoDem, Stéphane Séjourné pour Renaissance, et Édouard Philippe (en visio, car il est bien sûr resté au Havre) pour Horizons. Le président leur soumet le court texte préparé dans le week-end par son conseiller en communication, qui doit servir d'appel à un front républicain : « Face au Rassemblement national, l'heure est à un large rassemblement démocrate et républicain pour le second tour », énonce-t-il. François Bayrou, qui plaide pour des décisions au cas par cas, obtient que l'on ajoute le mot « clairement[1] ». Ce sera donc : « L'heure est à un large rassemblement clairement démocrate et républicain. » Façon, pour le maire de Pau, d'exclure LFI de l'arc républicain, sans avoir à prononcer les mots. Sans surprise, Philippe, lui, n'en démord pas, et le dit plus franchement : pour lui ce sera ni RN, ni LFI. « Pour moi, les LFI, c'est pas possible[2] », prévient-il, sans que le président ne relève.

Peu avant 20 heures, Emmanuel Macron relira dans son bureau le communiqué avant qu'il ne soit transmis à l'AFP. Clément Léonarduzzi, Thierry Solère, Alexis Kohler, sont là aussi. Pourquoi le président n'est-il pas plus cash, justement, sur la question d'éventuels désistements en faveur de candidats de gauche ou de la droite républicaine ? D'après un témoin interrogé quelques semaines plus tard, Emmanuel Macron tient compte du fait que les résultats des législatives, surtout en début de soirée, sont « compliqués à appréhender finement » – de fait, les chiffres bougent légèrement jusque tard dans la nuit. Mais il a aussi, selon le même, « un peu la main qui tremble ».

Et comment : six jours après avoir accusé le RN et LFI de mener l'un comme l'autre à « la guerre civile » – tandis que le Premier ministre jugeait, en écho, dans *Le Figaro*, qu'une victoire de l'un ou de l'autre « menacerait notre économie, l'épargne et la sécurité des Français » – le « ni RN ni LFI » n'est donc soudainement plus la position officielle de

1. Robin d'Angelo et Claire Gatinois, « Législatives 2024 : la coalition macroniste se divise sur la question du front républicain », *Le Monde*, 1er juillet 2024.

2. *Ibid.*

l'exécutif. Le service de communication tâchera malgré tout de convaincre dans la soirée – c'est un métier, on vous l'a déjà dit ? – qu'il ne faut pas voir dans cette prise de position le moindre revirement présidentiel : « Il a toujours distingué les deux (le RN et LFI). Son combat, c'est le RN depuis toujours », nous pianote Jonathan Guémas dans la soirée, légèrement à cours de « spin ».

La réalité est pourtant simple : les stratèges macronistes ont calculé que la majorité absolue pour le RN « pourrait se jouer à 10 voix près », selon l'un d'entre eux. Autrement dit : pour empêcher le RN d'accéder au pouvoir, Renaissance ne peut pas se payer le luxe d'appeler en bloc à ne pas voter LFI. La majorité sortante devra donc faire, a minima, du cas par cas, et trier entre les Insoumis fréquentables et infréquentables.

Reste qu'au QG du parti présidentiel aussi, on trouve la déclaration d'Emmanuel Macron peu claire. À 20 h 39, Édouard Philippe a pris la parole, l'air grave, sur un simple fond bleu marine, pour appeler les Français à s'opposer « aux extrêmes », plaçant le RN et La France insoumise sur un même plan. « Aucune voix ne doit se porter sur les candidats du RN ni sur ceux de LFI, avec lesquels nous divergeons non pas seulement sur des programmes, mais sur des valeurs fondamentales », a-t-il exposé, cash, pour le coup. Avant de terminer, au cas où le sous-texte ne serait pas clair : « Tout est à reconstruire du côté de la droite et du centre, j'y suis prêt. » Tant mieux pour Gabriel Attal, pense-t-on dans l'entourage du Premier ministre, qui va s'offrir un peu plus tard dans la soirée la seule déclaration solennelle face caméra appelant franchement à l'union. À 19 h 45, à Matignon, il a d'ailleurs réuni les figures de la majorité sortante qui seront amenées à prendre la parole dans la soirée. Il leur a fait comprendre. Mais réserve sa déclaration à la presse.

Vers 22 heures, une fois la nuit tombée, le PM s'approche donc de son pupitre, l'air grave depuis la cour de Matignon : « Pas une voix ne doit aller au RN », car il faut « priver l'extrême droite d'avoir une majorité absolue », déclare-t-il, insistant sur la nécessité de se montrer « à la hauteur du destin français ». Concrètement, Gabriel Attal appelle au « désistement des candidats de la majorité présidentielle dont le maintien en troisième position aurait fait élire un député RN face à un candidat qui défend [...] les valeurs de la République ». Tout est dans ces derniers mots. Ils ont été soupesés, et on le comprend : si le Premier ministre marque les esprits en affichant son inquiétude face à une extrême droite qu'il dit aussi « aux portes du pouvoir » – « Dans de pareilles circonstances, la France mérite que l'on n'hésite pas. Jamais », déclame-t-il – il reste, malgré tout, décidé à trancher au cas par cas concernant un éventuel soutien à des candidats de LFI. Comme le président. Il mentionne d'ailleurs la présence au sein du NFP d'une « France insoumise largement rejetée par les Français ».

Et les caciques de la majorité sortante n'ont pas fini pour ce soir d'étaler leurs divisions. Une fois de plus. La ministre en charge de l'Égalité entre les femmes et les hommes, notamment, Aurore Bergé, ne se prive pas de son côté d'appeler sur France 2, dans la soirée, à ne pas voter pour des candidats LFI. François Bayrou, lui, explique sur TF1 que « beaucoup de Français seraient totalement désespérés de se retrouver devant un choix entre le RN et LFI ».

N'empêche qu'à cette heure, la cellule en charge des négociations s'est déjà activée rue du Rocher. On prend les circos une à une. Certains persiflent même : si l'Élysée se targue de superviser le boulot, l'entourage présidentiel ne pourra pas se charger de l'exécuter car « ils n'ont plus de prise, ils n'ont pas parlé aux députés quand les mecs ont dû vider leur bureau… ». Stéphane Séjourné assure quoi qu'il en soit la communication avec l'Élysée, pendant que Gabriel Attal, lui, « boude toujours », selon l'un des convives du président. Emmanuel Macron, qui, officiellement, ne surveille l'affaire qu'à distance, pardon, « en surplomb », s'attelle aussi à l'étude détaillée des résultats.

Une grande table a été dressée dans les jardins du Palais. Sous les parasols blancs, le président est en chemise, toujours son petit foulard rayé autour du cou. Du fromage et des vins ont été servis – les cognacs et le whisky arriveront une fois la nuit tombée. Face à lui, Brigitte, son épouse, souriante. Thierry Solère est assis au côté de la première dame. Des dossiers sont sur la table. Certains ont le nez sur leur écran. Julien Denormandie fait aussi partie des convives, bien sûr. Tout comme Richard Ferrand. Clément Léonarduzzi, en bout de table, pianote sur son téléphone, tandis que Jonathan Guémas a l'oreille vissée au sien à quelques mètres. Le clan sera rejoint dans la soirée par divers collaborateurs, qui vont et viennent, comme l'actuel conseiller politique Grégoire Potton et l'ancien, parti depuis chez Bouygues, Pierre Herrero. Ou encore Pierrick Perrot, conseiller parlementaire. Mais aussi Gérald Darmanin, rentré de sa circonscription, ou encore Sébastien Lecornu.

Stéphane Séjourné passe une tête lui aussi. En arrivant, il estime que les macronistes s'en sortiront « à 140 députés ». « C'est pas si mal, c'est pas si mal », se félicitera Macron, souriant lui aussi et plutôt de bonne humeur toute la soirée. Convaincu, même, que son camp « en fera 150 », témoigne un convive. C'est certes loin des 245 sortants, mais ce n'est pas tout à fait la débâcle annoncée, se réjouit-on. « On n'est pas si loin, c'est mieux que ce qu'on pensait », a-t-il déjà lancé un peu plus tôt. Décidément, l'ambiance n'est pas mauvaise. À minuit, François Patriat, le fidèle sénateur, entonne un chant bourguignon en l'honneur de Ferrand, qui fête ses 62 ans. On réclame du champagne, comme le rapportera *Le Point*[1].

C'est dans cette ambiance non pas vraiment guillerette mais pour le moins soulagée et chaleureuse qu'on décide, à l'Élysée, d'épargner quelques candidats arrivés troisièmes, mais à qui on n'ordonnera pas de se retirer. Benoît Vuillemin, arrivé troisième derrière l'écolo Dominique Voynet (oui, *la* Dominique Voynet) et le RN, dans le Doubs ? « C'est un mec bien, faut pas qu'il se retire », tranche le président. Fadila Katthabi, ministre déléguée en charge des personnes handicapées et candidate en Côte-d'Or, reçoit un coup de téléphone de Patriat, depuis l'Élysée. Elle est en larmes et a déjà dans l'idée de se désister, nous racontera-t-elle par la suite. « Tout est clair dans ma tête », assure celle qui est entrée en politique en 2002 pour combattre l'extrême droite, malgré l'émotion. Plus interrogatif, le sénateur

1. Mathilde Siraud, « Macron, tango sur un champ de ruines », *Le Point*, 2 juillet 2024.

cherche à temporiser, l'invite à attendre la consolidation des résultats – sait-on jamais, si elle est très proche du candidat NFP, avec plus de réserves de voix… ? Voilà qui ressemblerait exactement aux genres de cas auxquels les caciques de la majorité avaient réfléchi lors de leur réunion au Palais le 16 juin. Il faut dire qu'en outre, si Katthabi est finalement bien arrivée troisième, elle fait face à l'ancien préfet Thierry Coudert, candidat sous l'étiquette RN-LR.

L'équipe réunie au siège du parti a déjà commencé à procéder au « débranchage » des premiers candidats. Les plus « évidents », nous dit-on. Pas de problème par exemple pour le député sortant Pascal Lavergne, arrivé troisième en Gironde à 800 petites voix derrière un candidat de La France insoumise. Il se retire de la course, faute, dira-t-il lui-même, de « réserve de voix », et ne passera pas de consigne de vote.

Le cas d'Albane Branlant, candidate face à François Ruffin dans la Somme, est rapidement identifié comme celui qu'il faudra mettre en avant (en fait, l'Élysée l'avait même à l'esprit depuis quelques jours). Les résultats ne sont pas encore stabilisés à 20 heures mais la jeune femme, qui a plusieurs points de retard sur le sortant, sait déjà qu'elle est en troisième position et que le RN – qui recueillera un peu plus de 40 % des voix – risque de passer si elle se maintient ; elle envisage de se retirer, conformément à ses convictions. Rapidement contactée par une conseillère de la cellule de la rue du Rocher, qui la félicite pour son score avant de l'interroger, elle dit son intention, mais s'interroge sur la forme : comment l'annoncer ? On lui conseille de le faire face à la presse pour un maximum de retentissement. Encore faut-il réussir à attirer les journalistes, qui s'agglutinent devant le

QG de Ruffin. Alors, la jeune femme de 27 ans appelle le député sortant, lui annonce qu'elle va se désister, et lui demande un coup de main pour rediriger micros et caméras vers elle. Ce n'est que là que l'Élysée la contacte – une conseillère, et non pas Emmanuel Macron, contrairement à ce qui sera raconté par la suite – pour connaître ses intentions. On lui fera savoir, après consultation du président, que celui-ci « suit » sa décision. Albane Branlant s'exécute dès 21 heures avec une déclaration très claire : « Je fais une différence entre mes adversaires politiques, et les ennemis de la République. » Pour les communicants du Palais, il est urgent de capitaliser : le PR a « acté » sa nouvelle ligne en validant personnellement cette décision, le martèleront-ils toute la soirée auprès de la presse. Gabriel Attal, lui, se servira de cette annonce perçue comme exemplaire et faite fort rapidement pour peser dans les négociations avec le NFP, concédera-t-il volontiers quelques jours plus tard, en privé.

Deux ministres annoncent aussi haut et fort leur retrait dans la soirée : Marie Guévenoux, dans l'Essonne, et Sabrina Agresti-Roubache, une proche du président, à Marseille. En tout, le désistement de plus d'une quinzaine de candidats Renaissance sera formalisé avant 3 heures du matin. Vers 2 h 30, un stratège ayant savamment étudié la carte se sent pousser des ailerons et ose même se montrer plus optimiste pour son camp qu'en début de soirée : « Le jeu des désistements devrait faire baisser le RN », nous assure-t-il, carrément persuadé que le parti à la flamme n'a finalement « aucune certitude » d'obtenir une majorité absolue.

Prouve que tu te désistes

À gauche, Jean-Luc Mélenchon s'est invité longuement et le premier – avant ses camarades du NFP – sur toutes les antennes, ce soir, pour donner la ligne à suivre en cas de triangulaire face au RN. L'Insoumis en chef a en outre choisi de s'exprimer avec, à sa gauche, la toute nouvelle eurodéputée Rima Hassan, figure la plus controversée de la campagne des européennes, redoutée voire décriée par une partie de la gauche pour ses prises de position anti-israéliennes flirtant avec l'antisémitisme, ou carrément complotistes. Aurait-elle voulu passer inaperçue… elle s'y serait prise autrement, cela ne peut pas faire de doute : arrivée sur scène la première, elle arbore pour l'occasion un keffieh noir et blanc autour du cou. Mais pourquoi donc ? « Joker », nous répondent en substance un dirigeant Écologiste et un cadre socialiste, gênés.

Surtout, ce coquin de Méluche a pris quelques libertés avec ladite ligne commune : « En toutes circonstances, notre consigne est simple, directe et claire : pas une voix, pas un siège de plus pour le RN », a-t-il déclaré… avant de préciser que dans les cas où le RN est premier et un candidat de gauche troisième, ce dernier retirerait sa candidature. Problème, pour le PS, c'est clair, comme nous le confirme ce soir l'un de ses haut gradés : si le NFP est troisième, il se retire… que le RN soit en tête ou en deuxième position. Eh oui, les détails, comptent. Même son de cloche côté Place Publique d'ailleurs : « Si on est troisièmes, on se désiste, point barre. […] La position de LFI est irresponsable », tranche, lapidaire, un proche de Raphaël Glucksmann que nous contactons.

LUNDI 1er JUILLET

L'heure du grand désistement

Seulement quelques heures ont passé depuis les résultats du premier tour, et plusieurs personnalités de la majorité présidentielle savent désormais qu'elles vont bénéficier du front républicain mis en place par la gauche. Le ministre du Logement, Guillaume Kasbarian, qui talonne son adversaire RN en Eure-et-Loir, a appris dès hier que le candidat Écologiste se retirait en sa faveur. En charge du numérique au gouvernement, Marina Ferrari, arrivée en deuxième position derrière la RN Typhanie Degois, devrait quant à elle aussi bénéficier du retrait de la candidate communiste dans sa 1re circonscription de Savoie. Mêmes cas de figure en Seine-et-Marne pour le philippiste Frédéric Valletoux, dans la 2e circo, où la représentante du NFP est une Insoumise et se retire à son profit, selon la règle édictée à LFI. Surprise, d'ailleurs, à la mi-journée, qui fera les délices des détracteurs d'Édouard Philippe : on apprend grâce à France 3 Normandie que dans la 4e circonscription de Seine-Maritime, sur les propres terres du maire du Havre, son protégé Laurent Bonnaterre, arrivé en troisième position, se retire au profit… d'Alma Dufour, une députée Insoumise sortante bien identifiée par les anti-LFI. « Tambouille politicienne », hurle le RN. « Nous ne pouvions pas gagner dimanche prochain, il fallait se rendre à l'évidence et prendre nos responsabilités », justifiera Bonnaterre, précisant à la presse s'être entretenu avec Édouard Philippe[1] (il a, apprendrons-nous, aussi eu un bref échange avec David Cormand, à qui il a assuré qu'il se retirerait bien). L'occasion est trop belle pour ne pas souligner l'incohérence supposée du président d'Horizons : « Il y a les enjeux d'efficacité électorale… et puis les positionnements personnels », pique-t-on à l'Élysée.

Même le très implanté Gérald Darmanin, dans le Nord, qui laboure son terrain depuis trois semaines, voit aujourd'hui son élection facilitée par le retrait de la candidate Insoumise, Leslie Mortreux, qui a frôlé le score de 25 %. Rien n'obligeait pourtant la candidate en question à le faire si elle s'en tenait à la règle édictée par Jean-Luc Mélenchon, le ministre de l'Intérieur étant arrivé en tête au premier tour. Avec 36,03 % des voix, le patron de la Place Beauvau ne s'en est sorti qu'avec 837 bulletins d'avance sur son adversaire RN, Bastien Verbrugghe, dont le parti progresse fortement dans la circo depuis 2022 (17 points). Or le candidat des Républicains, Jérôme Garcia, a recueilli quant à lui 1 447 voix au premier tour. Sans le retrait de Leslie Mortreux, l'éventuel report de ses voix vers le RN pouvait, sur le papier, suffire à faire tomber le ministre. Personne pour autant ne le croit en danger, compte tenu de sa forte

1. Laurent Derouet, « Législatives en Seine-Maritime : "Si l'annonce de mon retrait a mis le seum au candidat RN, eh bien tant mieux" », *Le Parisien*, 1er juillet 2024.

« équation personnelle », comme on dit. Et si LFI a décidé de retirer sa candidate, c'est, à coup sûr, que les mélenchonistes pour rien au monde n'auraient fait le « cadeau » à Darmanin de pouvoir se targuer, après le 7 juillet, d'avoir été élu contre le RN *et* les Insoumis, nous assure-t-on.

Gueule de bois

On l'a compris, pour les macronistes, la ligne tient désormais en quelques mots : haro sur l'extrême droite (à quelques Insoumis près). Alors le duo à la tête de l'exécutif le martèle dans les réunions internes. Et Gabriel Attal le répète ce soir sur TF1 : l'arrivée du RN au pouvoir « serait catastrophique ». Mais marteler n'est pas convaincre : au gouvernement, tous les ministres ne partagent pas cette ligne, ce qui n'a pas manqué de perturber la réunion à l'Élysée à l'heure du déjeuner. Bruno Le Maire, Christophe Béchu, Marie Lebec, Aurore Bergé, Catherine Vautrin ou encore Olivia Grégoire – tous issus de la droite – sont, eux sur la ligne « ni RN ni LFI », à l'instar d'Édouard Philippe. Des « girouettes » et de « petits boutiquiers qui préparent 2027 », persifle l'un de leurs collègues au bout du fil avec nous. Le ministre de l'Économie, qui a déclaré à 8 heures sur France Inter que « La France insoumise est un danger pour la nation », autant que « le Rassemblement national est un danger pour la République » (précisant : « Je ne vote pas pour La France insoumise parce que c'est le communautarisme, c'est l'antisémitisme, c'est la violence »), s'est pris une volée de bois Vert, signé Marine Tondelier, et qui fait un carton sur les réseaux sociaux. La secrétaire générale des Écolos, invitée juste après, a réagi à chaud et les larmes aux yeux : « Ce que vient de faire Bruno Le Maire, c'est un comportement de lâche et de privilégié. C'est hors sol, lunaire, et pas à la hauteur de l'histoire », s'est-elle étranglée.

Cette folle ambiance est nourrie par la tension qui a succédé à la bonne humeur présidentielle d'hier soir. À l'heure du déjeuner, aujourd'hui, où il reçoit donc ses ministres, Emmanuel Macron – après avoir lu la presse, qui, ô surprise, ne voit pas tout à fait les résultats du même œil optimiste que lui – est arrivé « en faisant franchement la tronche », nous rapporte-t-on. Et il durcit le ton. « Pas une voix » ne doit aller au RN, a déclaré le président cette fois, appelant à « se souvenir qu'en 2017 et en 2022, tout le monde, à gauche, avait porté ce message » – ce qui ne manquera pas d'en faire s'étouffer certains, le président se voyant souvent reprocher d'avoir la mémoire courte sur le sujet. Surtout, Emmanuel Macron, prêt hier soir à encourager certains candidats macronistes à se maintenir bien qu'ils soient arrivés troisièmes, demande ou s'apprête à demander aux mêmes de se désister. Pour Fadila Katthabi, ça tombe bien : elle a elle-même décidé, malgré l'échange avec François Patriat hier soir, de se retirer, et le fait savoir sur X vers 11 h 30. Elle utilise les mêmes termes qu'Albane Branlant, qui se retirait dans la circonscription de François Ruffin, distinguant ses adversaires politiques des « ennemis de la République ». Benoît Vuillemin, sous pression, finira par faire de même demain. « Il y a un enjeu d'exemplarité. Tu peux pas dire "Je fais le front républicain et je demande à mes ministres de ne pas le respecter" », concédera un proche du président auprès de nous.

Petit couac de com : dans *Le Midi Libre*, le sortant Patrick Vignal, qui se retire, assure aujourd'hui avoir reçu hier soir un appel du président l'invitant à maintenir sa candidature (il rétropédalera d'ici quelques jours en assurant sur BFM qu'Emmanuel Macron l'a bien appelé mais ne lui a rien imposé).

Du côté du parti, après la première vague de désistements faciles à obtenir, les choses se corsent. « Dans les derniers 100 mètres, tout le monde ne se débranchait plus automatiquement, c'est devenu du donnant-donnant », raconte une participante aux conciliabules. Pour certains candidats, la décision est plus difficile à prendre. Question, parfois, d'enjeux locaux ou de réputation – éléments pas toujours anticipés à Paris. Les échanges avec les caciques de gauche s'intensifient. La présidente du groupe Écolo à l'Assemblée, Cyrielle Chatelain, joue un « rôle majeur », d'après la même participante. Manuel Bompard côté LFI a donné un coup de main au début. À gauche comme au centre, les opérations les plus délicates se font en « one to one ».

La ministre des Collectivités territoriales, Dominique Faure, seule représentante du parti radical de gauche au gouvernement, résiste encore ainsi à la pression bien qu'elle soit arrivée troisième dans sa circonscription de Haute-Garonne. Rien ne lui a été dit dimanche soir. À la sortie de la réunion à l'Élysée, à la mi-journée, elle estime encore pouvoir poursuivre sa campagne. En fait, le président a demandé au parti de se charger du « débranchage ». Mais cela ne suffit pas à la ministre. « Elle ne lâchait rien. Une enfant qui ne veut pas quitter le parc», se souvient une petite main du parti. D'abord encouragée par son équipe locale à se maintenir, elle ne finira par se désister que demain, alors que la presse s'empare de son cas, révélant avoir enfin été appelée par Gabriel Attal et Emmanuel Macron (ce dernier lui a en réalité envoyé un SMS). Lui-même était sous pression : le maintien obstiné de sa ministre fait les choux gras de la presse politique depuis le matin. «Elle éclipse tout l'effort!» se désole une conseillère rue du Rocher. Le parti avait fini par prévenir l'Élysée qu'un communiqué était prêt pour annoncer qu'elle serait désinvestie. Le socialiste Olivier Faure a aussi fait savoir que si elle ne se désistait pas, la gauche renoncerait à certains désistements de son côté.

La députée sortante d'Aix-en-Provence Anne-Laurence Petel n'a aucune envie de se retirer non plus, c'est peu de le dire. Elle est pourtant arrivée troisième, mais son cas est considéré comme particulier. Avec 28,9 % des voix, elle talonne d'un rien le candidat NFP (29,5 %) tandis que celui du RN-LR, Gérault Verny, n'est pas très loin avec 31,6 %. «Les projections de la configuration disent qu'elle peut gagner», veut-on croire à Renaissance. Les appels locaux et nationaux au désistement se multiplient mais Petel ne veut rien entendre. Auprès de *Libération*, elle certifie de fait avoir le feu vert de Stéphane Séjourné et du «cabinet de Gabriel Attal». Renseignement pris : «On ne lui a pas donné de soutien officiel mais on l'a laissée faire, on lui a dit : "Tu y vas mais tu fermes ta gueule"», nous contera un membre de la cellule désistements au parti. La raison : le candidat LFI face à elle «a des casseroles» – il a comparu devant la justice pour «détournement de fonds», avant d'être relaxé et on croit au parti à la possibilité de sa victoire. Petel, en outre, est soutenue par le président de la région, Renaud Muselier. Mauvaise pub pour Renaissance, où l'on se mordra les doigts assez vite, mais trop tard pour changer d'avis, et surtout mauvais calcul : Petel terminera à nouveau troisième au second tour.

Le RN au bluff

Du côté du RN, le bureau exécutif du parti réuni ce soir a décidé de se maintenir dans toutes les circonscriptions où ses candidats sont qualifiés, bien qu'il se dise prêt à des désistements « dans quelques cas très précis », nous explique la députée réélue Edwige Diaz – en l'occurrence quand un candidat LR ou divers droite serait prêt à soutenir un éventuel gouvernement RN, en votant a minima la confiance et le budget. Seul cas repéré à ce stade : en Haute-Corse, la RN Sylvie Jouart se retire au profit du candidat divers droite François-Xavier Ceccoli.

Jordan Bardella refusera-t-il vraiment d'aller à Matignon s'il n'a pas de majorité absolue ? Ce lundi, l'état-major du parti est moins définitif qu'auparavant et confirme la décision prise secrètement mercredi, misant sur de possibles rapprochements dans le cas où il lui manquerait quelques sièges pour atteindre le seuil tant espéré. « Il ne faut pas mettre la charrue avant les bœufs et attendre les résultats de dimanche », nous répond ainsi prudemment Diaz à l'issue du burex. Sur TF1, le jeune eurodéputé évoque quant à lui

« des discussions » avec certains candidats LR (canal historique, donc), sans en dire davantage.

Les observateurs ont avant tout noté le succès croissant du Rassemblement national dans les zones rurales – même si des spécialistes mettent en garde contre les théories simplistes en la matière, soulignant que ce vote s'explique surtout par des critères sociaux tels que le niveau de diplôme ou de revenus[1]. Et si la gauche se maintient dans les métropoles, la progression du parti à la flamme est constante. Symbole s'il en est : l'extrême droite perce de façon inédite à Paris. Un candidat proche de Reconquête, Louis Piquet, s'est carrément qualifié pour le second tour dans le XVIe arrondissement. Fait nouveau : tous les candidats du RN et de l'alliance avec Éric Ciotti franchissent – pour certains très largement, comme la RN Sophie Rostan qui atteint 14 % dans la 13e circonscription – la barre des 5 % des suffrages, soit le seuil de remboursement par l'État des frais de propagande.

L'eurodéputé Thierry Mariani, bien que tenu à l'écart de la campagne pour ses positions trop pro-russes, et qui vise une candidature dans la capitale aux municipales de 2026, se félicite auprès de nous que son parti puisse désormais y « jouer les trouble-fêtes ». Comprendre : qu'il puisse espérer devenir un « parti charnière » au Conseil de Paris. À noter toutefois que c'est surtout « l'alliance des droites » qui semble faire recette dans l'ouest de la capitale, où Éric Zemmour avait réalisé un score légèrement supérieur à sa

1. Camille Bordenet, « Vote des champs et vote des villes, une question de diplômes plus que de géographie », *Le Monde*, 2 juillet 2024.

moyenne nationale à la présidentielle de 2022 avec 8 % des voix.

L'autre percée marquante du RN est bretonne : jamais le Rassemblement national n'avait connu meilleur score dans la péninsule. 513 139 bulletins dépouillés dans la région l'ont été aux couleurs du parti lepéniste, contre... 182 815 il y a deux ans. Sur les 27 circonscriptions que compte la région, 26 ont vu un candidat RN se qualifier au second tour, cinq d'entre eux étant en tête. Historique, puisque c'est même la première fois que le parti fondé par Jean-Marie Le Pen envoie un candidat au second tour en Bretagne. Symbole de ce raz-de-marée : la 2e circonscription du Morbihan, celle qui a vu naître Jean-Marie Le Pen. Le candidat Florent de Kersauson s'y est qualifié pour le second tour, avec 30,03 % des voix (deux points derrière le sortant MoDem Jimmy Pahun). Là encore, une première. Mais le pari a peu de chance d'être victorieux. Même dans les circonscriptions où l'avance du RN est large, comme dans la 3e du Morbihan, où Antoine Oliviero devance de presque 10 points la sortante Nicole Le Peih (Renaissance), le jeu des désistements laisse présager une issue défavorable pour les candidats d'extrême droite.

1+1+1

Chez Les Républicains, on a passé la journée à compiler les données du premier tour. Dans un document de 16 pages que nous nous procurons, une comparaison avec les scores de Ciotti est même établie. Et elle n'est pas flatteuse. « Il fait

1,2 million de voix avec 60 candidats, quand on en fait 2 millions avec 400 », résume une source en interne. Cette dernière anticipe le potentiel de victoires des 59 députés sortants LR-canal historique : au mieux 35, au pire 27. Le groupe comptait 61 élus dans la dernière législature.

Comme un symbole, certaines figures du parti ont d'ailleurs eu un sérieux coup de chaud, ce dimanche. Si le président de la région Auvergne-Rhône-Alpes, Laurent Wauquiez – qui compte faire son grand retour à l'Assemblée – termine en tête dans la 1re circonscription de Haute-Loire, où 27 000 électeurs l'ont choisi, un autre chiffre a de quoi l'inquiéter : seules 1 922 voix le séparent du candidat RN Alexandre Heuzey pour le second tour. L'écart a fondu en deux ans : en 2022, plus de 16 000 voix séparaient la candidate LR de la candidate RN, alors quatrième.

À gauche aussi on fait ses comptes. Au premier tour, 32 candidats étiquetés NFP ont été élus dès le premier tour. Dans le tableau confidentiel compilé par l'état-major Insoumis, on présente les choses ainsi : « 19 LFI, 5 PS, 5 EELV, 2 PCF + Autain ». Le message est on ne peut plus clair : Clémentine Autain, bien que ne faisant pas partie des cinq « purgés », n'est désormais plus considérée comme faisant partie du collectif. (Jean-Luc Mélenchon reprendra d'ailleurs ce chiffre de 19 jeudi sur TF1.) Autain n'apparaîtra pas demain sur la photo du groupe à l'Assemblée. Et n'apprendra qu'après coup qu'une nouvelle boucle Telegram incluant les élus Insoumis dès le premier tour a été créée. Rupture consommée.

En réalité, cela fait déjà longtemps que la députée de Seine-Saint-Denis, très critique sur le fonctionnement interne de LFI et en froid avec Mélenchon, avait commencé à larguer les amarres. Elle avait d'ailleurs organisé une première réunion avec des proches fin février pour parler de la présidentielle de 2027 – révélée par Politico – ce qui avait débouché sur le lancement au printemps de son mouvement. Son nom parle de lui-même : L'Émancipation.

MARDI 2 JUILLET

Sur une voie de barrage

On le sait désormais (et on respire un peu mieux en Macronie comme à gauche) : après quarante-huit heures de tractations tous azimuts, le total de 306 triangulaires recensées par le ministère de l'Intérieur dans la foulée du premier tour a déjà fondu comme neige au soleil. Ce mardi soir, on n'en dénombre plus que 90, grâce aux quelque 130 retraits de candidats du NFP et aux 81 désistements de candidats de la majorité sortante. De quoi, en principe, éviter que le RN n'obtienne une majorité absolue. De quoi aussi soulager un camp présidentiel bien mal en point. Que rien n'empêche pourtant de continuer à se déchirer sur la question des consignes de vote.

Méfiance, toutefois, et attention à ne pas crier victoire trop vite, nous prévient un vieux de la vieille, craignant un effet contre-productif des appels incessants et insistants au front républicain. « Toutes les heures, ils créent du vote RN », s'alarme-t-il au téléphone depuis sa circonscription du sud de la France. Car une autre menace s'installe petit à petit : l'image renvoyée dans une partie de l'opinion par cette vague de retraits est celle d'une alliance entre la

Macronie et Jean-Luc Mélenchon (idée sur laquelle a surfé dès hier soir sur TF1 Jordan Bardella, venu mobiliser son électorat en parlant d'une « alliance du déshonneur », et que s'évertue à démentir Gabriel Attal, comme ce matin en déplacement dans le XVe arrondissement de Paris).

C'est l'une des raisons pour lesquelles plusieurs experts en carte électorale nous mettent en garde : une majorité absolue pour le RN est encore possible, malgré les désistements. A fortiori, le scénario d'une majorité « presque absolue », reste crédible lui aussi. L'inconnue principale : la réalité des reports de vote dans les circonscriptions où des candidats ne se sont pas maintenus.

Fil coupé

En coulisses, les relations se tendent encore un peu entre le Palais et… Marine Le Pen. Les échanges, maintenus officieusement par l'intermédiaire de Thierry Solère – l'ancien député des Hauts-de-Seine a été missionné depuis 2022 par le président pour recueillir et transmettre des infos auprès de la présidente du groupe RN, celle-ci jouant un rôle clé à l'Assemblée où les macronistes ne sont qu'en majorité relative – s'étaient déjà faits plus rares après les propos tenus le week-end dernier sur les « domaines réservés » du président (Le Pen affirmait que le rôle de chef des armées n'était qu'« honorifique », souvenez-vous). « Elle aurait bien voulu qu'on avance dans des discussions sur les conditions d'une cohabitation, mais on ne l'a jamais fait », nous rapportera plus tard une source dans le secret à l'Élysée.

Invitée de France Inter ce matin, Marine Le Pen dégaine une autre accusation, qui fait mal à l'exécutif et « parasitera » pour de bon les relations, selon la même source : elle l'accuse de préparer une « forme de coup d'État administratif ». À savoir : avoir procédé à une série de nominations à des postes clés qui interviendrait juste avant le second tour des législatives et dont une première partie a, de fait, été officialisée lors du Conseil des ministres du 26 juin dernier (celle du chef d'état-major de l'armée de l'air, entre autres, ainsi que plusieurs ambassadeurs et deux recteurs). L'accusation fait d'autant plus mouche que le *JDD*[1] a révélé ce dimanche que le ministre de l'Intérieur envisage de nommer l'un de ses très proches, son directeur de cabinet Alexandre Brugère, à la tête de la direction générale de la Police nationale (DGPN) – ce qui fera d'ailleurs vivement réagir en interne, l'intéressé étant considéré comme manquant d'expérience en la matière.

Pas question de laisser prospérer une telle attaque pour l'Élysée, qui tente un démenti par voie de presse : « Être en responsabilité suppose du sang froid et de la mesure », cingle le Palais, à 16 heures, rappelant que le chef de l'État, selon l'article 13 de la Constitution, nomme aux emplois civils et militaires (et omettant de préciser que les décrets de nomination doivent être contresignés par le Premier ministre). Et l'entourage présidentiel d'ajouter, non sans une pincée de mauvaise foi : « Il y a depuis soixante-six ans chaque semaine des nominations et des mouvements, notamment

1. Raphaël Stainville, « Macron-Bardella, la guerre est (déjà) déclarée », *Le Journal du Dimanche*, 29 juin 2024.

l'été, indépendamment des moments politiques traversés par nos institutions, et il n'est aucunement prévu qu'une de ces dispositions puisse changer dans les prochains mois. »

Aucun « mouvement d'ampleur » n'est à attendre, nous jurent donc plusieurs sources macronistes parallèlement et « off the record ». « Il a toujours été prévu qu'il y ait un mouvement préfectoral avant les JO », nuance de son côté un conseiller de l'exécutif. Des changements sont toutefois bien dans les tuyaux à certains postes clés, nous confirme-t-on, notamment dans la préfectorale en Île-de-France et à la tête de la DGPN. La réalité : face au risque de tollé général, il y aurait eu un « léger rétropédalage » de l'Élysée, confesse en langage euphémistique un familier du Palais.

Si la perspective d'un gouvernement RN avec majorité absolue à l'Assemblée s'est légèrement éloignée à court terme, côté exécutif, on continue décidément à vouloir parer à tous les risques : voilà plusieurs jours aussi que le gouvernement presse le citron du Conseil d'État afin qu'il rende des avis sur des décrets que Matignon veut à tout prix publier avant le 8 juillet, apprend Politico. À la manœuvre : les équipes de Gabriel Attal, son dircab Emmanuel Moulin en tête. En tandem avec le secrétariat général du gouvernement, Matignon met « de la pression dans le tube », comme on dit à l'Élysée, pour publier les décrets concernant certains textes susceptibles d'être repatouillés par le RN, comme ceux sur l'immigration ou le financement de la Sécu. Ça urge : pour le premier, aucun des 30 décrets n'a encore été publié, pour le second seuls 7 sur 121 à ce stade, d'après le baromètre de l'application des lois.

Ce mardi marque aussi l'apparition des premières rumeurs sérieuses sur un éventuel gouvernement « d'union nationale », dans le cas où le RN n'obtiendrait pas la majorité absolue. L'idée, dans toutes les têtes mais sur peu de lèvres : une coalition allant, pour citer un ex de l'Élysée, « de Mélenchon à Philippe Juvin [député LR] » (vous avez bien lu). Traduction : comprenant toutes les tendances du Nouveau Front populaire ainsi que la droite Macron-compatible. Et cette idée fait son chemin chez les plus imaginatifs de tous les camps. Ainsi le député socialiste sortant Philippe Brun a-t-il évoqué lui-même sur France Info hier l'hypothèse d'un « gouvernement d'union républicaine dans le sillage du Conseil national de la résistance, allant des gaullistes à la gauche ». Son collègue du PCF Sébastien Jumel – qui a reçu le « soutien républicain » de Gérald Darmanin dans sa circonscription de Seine-Maritime – parle de l'urgence de créer un « arc du gaullisme social jusqu'aux communistes ».

Ces mots, largement relayés sur X, et notamment par des comptes d'extrême droite, déclencheront toutefois un démenti express de l'Élysée (encore un !) comme du député PS Boris Vallaud, pressés de faire savoir qu'aucune négociation n'est en cours, histoire de ne pas apporter de l'eau au moulin de la droite et du RN. L'Insoumis Manuel Bompard, sur BFM TV, déclarera quant à lui que « les Insoumis ne gouverneront que pour appliquer leur programme », point.

Autant dire, dans cette ambiance hyperfébrile, que les propos de Marine Tondelier – qui vit presque son premier quart d'heure warholien depuis le ramdam provoqué par sa réponse émue à Bruno Le Maire, lundi – font se hausser beaucoup de sourcils interrogateurs. La cheffe des Écologistes n'a pas exclu, sur TF1, de participer à une grande coalition. « Oui, il va falloir trouver des solutions et il va falloir que certains, au centre, à droite, nous disent comment ils souhaitent travailler, dans l'autre sens », à condition que cela se fasse « sur des bases politiques claires », explique-t-elle. Dans *Libération*, dont elle fera la une demain, la patronne des Écologistes ajoute aussi que si le RN ne gagne pas, une éventuelle « coalition se construira autour du bloc républicain arrivé en tête, c'est-à-dire très vraisemblablement le Nouveau Front populaire. C'est donc aux autres qu'il faudra poser la question [de qui peut y participer] ». Un peu plus tard ce soir, Marine Tondelier précisera seulement sur X ne pas avoir voulu saisir la main tendue de Gabriel Attal qui, selon elle, « n'a jamais lancé l'idée d'une grande coalition ».

MERCREDI 3 JUILLET

Le jour des encombrants

Plus que trois jours de campagne avant le vote ô combien déterminant de dimanche. Trois jours durant lesquels le camp présidentiel va encore s'escrimer à contrer l'idée selon laquelle la vague de désistements pour barrer la route au RN équivaut à une alliance entre le Nouveau Front populaire et la Macronie. Les démentis répétés de Gabriel Attal ne suffisant point, l'Élysée fait fuiter à la mi-journée les propos d'Emmanuel Macron en Conseil des ministres : pas question, pour le chef de l'État, de « gouverner demain avec LFI », a-t-il déclaré aux membres du gouvernement réunis.

« Cette clarification est très bienvenue », nous écrit dans l'après-midi un candidat Renaissance en campagne, inquiet de mauvais retours venus d'électeurs croisés ici et là. « Sur les marchés, on a un gros problème. Les gens pensent qu'on va travailler avec LFI », renchérit un cadre de Renaissance. Difficile d'anticiper réellement ce que donnera le front républicain : « Soit ça marche bien, soit ça excède tout le monde et ça mobilise vers la droite », commente de son côté un stratège des Républicains au téléphone, craignant que le RN ne grappille encore quelques points. « On va pas gouverner avec les cocos... », s'est inquiété ce matin un sénateur de la majorité auprès du même, allant jusqu'à envisager à haute voix de « trouver les 15 ou 20 députés qui vont faire la maille pour aider le RN » après le second tour. Comprenez : plutôt aider le RN à disposer d'une majorité absolue pour s'installer Matignon maintenant, qu'une alliance avec la gauche.

Conclusion de notre stratège encarté chez les Républicains, dans un soupir : « À droite, c'est toujours Ciotti qui tient le truc, le calendrier joue pour lui. Passé la sidération, la vérité c'est que les gens se disent que c'est pas si con que ça et que maintenant que Macron est prêt à pactiser avec LFI, ça va radicaliser encore plus notre base... » L'exécutif continue pourtant de distinguer LFI des autres partis de gauche – Gabriel Attal refusera encore ce soir de se prononcer sur son choix dans l'éventualité d'un second tour RN/LFI –, mais le résultat est le même : pour ses détracteurs, des trois initiales du Nouveau Front populaire à celles de La France insoumise il n'y a pas grand-chose. C'est le NFP qu'on favorise, et la Macronie n'est pas claire sur le périmètre de la coalition qu'elle est prête à envisager pour barrer la route au RN.

Il faut dire que Jordan Bardella de son côté ne manque pas de continuer à appuyer là où ça fait mal. Il le refera ce soir sur BFM TV, surjouant l'indignation – « On est des sous-citoyens ? On est des sous-électeurs ? » – et parlant à nouveau d'« une alliance du déshonneur » entre Jean-Luc Mélenchon et Emmanuel Macron.

Le président du RN se donne bien du mal pour résumer l'alliance des gauches à la personne du chef des Insoumis.

L'organisation du débat télévisé d'entre-deux-tours prévu ce soir – sur BFM TV, donc – a même bien failli tourner au vinaigre pour cette raison. *Que paso?* Après Manuel Bompard sur TF1 et Olivier Faure sur France 2, avant le premier tour, l'écologiste Marine Tondelier était prévue par les alliés du NFP pour les représenter ce soir. Mais le président du RN a fait savoir à la chaîne samedi qu'il exige d'être opposé à un Insoumis ou à un socialiste. Le même a d'ailleurs enfoncé le clou, lundi matin, face à un bouquet de caméras, en faisant mine d'être prêt à débattre avec Jean-Luc Mélenchon, qu'il considère en réalité, cela va sans dire, comme un épouvantail pour une bonne partie des électeurs.

Dimanche, BFM TV écrivait donc en ce sens aux deux formations politiques de gauche. La venue d'un socialiste ou d'un Insoumis est « indispensable à la tenue de l'émission », expliquait le patron de la rédaction, Marc-Olivier Fogiel. Mais Marine Tondelier n'en démordra pas, elle l'a fait savoir à la chaîne : ce sera elle ou il n'y aura pas de débat. « Ce n'est pas à Bardella de décider ! » s'offusque l'entourage de la secrétaire nationale des Écologistes, qui jurerait que l'eurodéputé RN craint l'élue d'Hénin-Beaumont, qui connaît bien le parti à la flamme et ses pratiques (la ville est tenue par le RN depuis 2014). Mais rien n'y fait : il n'y aura finalement pas de confrontation télévisée dans l'entre-deux-tours des législatives. À la place, BFM TV propose ce soir une émission spéciale où Gabriel Attal, Jordan Bardella et Marine Tondelier se succèdent en plateau, une heure chacun.

Les brebis galeuses

Le président du RN, interrogé à plusieurs reprises ces derniers jours à propos de la multiplication, sur les réseaux sociaux et dans la presse, de révélations embarrassantes sur des candidats de son parti ou de sorties de route en débats, prend le parti d'assumer des erreurs et de minimiser leur nombre : « Dans toute organisation humaine, il y a des brebis galeuses », a-t-il déclaré face à Anne-Sophie Lapix. « Deux, trois », dit-il. Sur BFM TV passé 23 heures, il en concède « quatre, cinq », face à l'insistance de Benjamin Duhamel. Mais ses adversaires en comptent bien plus. « À partir de combien de brebis galeuses peut-on parler de troupeau ? » a tweeté le ministre de la Justice Éric Dupond-Moretti entre-temps, dénombrant de son côté « près de 50 déclarations antisémites, homophobes ou racistes ». Pourtant pas fâché avec les chiffres à notre connaissance, Gabriel Attal lui a estimé cet après-midi qu'ils représentaient « un quart » des 577 candidats RN… quand Mediapart[1] recense à présent 106 cas problématiques exactement.

Les secrétaires départementaux du RN ont été chargés plus ou moins formellement de faire savoir aux candidats de leurs circonscriptions que moins on les entendra, mieux le parti se portera. Ils seront d'ailleurs très peu à participer à des débats, dans cet entre-deux-tours. Consigne a aussi été passée à certains de ne pas répondre à la presse.

1. « Législatives : les brebis galeuses de Bardella sont désormais au moins une centaine », Mediapart, 2 juillet 2024.

JEUDI 4 JUILLET

Deux pieds sur le frein

La majorité présidentielle s'évertue, on l'a vu, à tordre le cou à l'idée que des alliances seraient en train d'être nouées secrètement avec les partis de gauche. Mais l'Élysée – quitte à se compliquer la tâche, à trois jours du second tour – cherche aussi à préparer les esprits à ce que l'installation d'un nouveau Premier ministre prenne… du temps. Message subliminal : non, le remplaçant de Gabriel Attal ne présentera vraisemblablement pas sa bobine au monde entier à l'occasion de la cérémonie d'ouverture des Jeux olympiques, le 26 juillet.

Le président est en effet décidé à ne pas précipiter les choses après le vote, que le RN dispose ou non d'une majorité absolue. « Il va demander un temps mort, un temps de réflexion » avant de nommer un nouveau Premier ministre, nous certifie en off un visiteur de l'Élysée. Dit autrement : même si les résultats lui imposaient de nommer Jordan Bardella à Matignon, Emmanuel Macron compte demander à Gabriel Attal de rester en poste pour quelques jours. Il tient à temporiser, décanter, « apaiser le pays », selon la même source. Et dans le cas où les urnes seraient moins favorables à l'extrême droite, il faudra du temps pour se compter, préparer la suite. Encore faudra-t-il cependant que le Premier ministre, avec qui les relations ne s'arrangent pas, accepte de prolonger son bail, alors qu'il trépigne à l'idée de retourner à l'Assemblée pour y endosser de nouvelles responsabilités. Interrogé avec insistance sur France 2 par Caroline Roux ce soir, le futur ex-PM a justement pris soin de ne pas répondre à la question.

Par ailleurs, tous les stratèges de la majorité s'accordent à penser que, même en cas de majorité relative et seulement relative pour le RN, le président serait enclin à charger Jordan Bardella de former un gouvernement, et ce bien que le RN fasse tout pour laisser penser qu'il envisage une « cohabitation dure ». Reçu à l'Élysée ce jeudi, Nicolas Sarkozy a d'ailleurs prodigué ce conseil. Le chef de l'État n'aura sans doute guère le choix, selon son entourage. « Le RN sera le premier groupe, sans doute proche de la majorité absolue », nous glisse l'un d'eux. « Sans majorité alternative, le président est obligé de se tourner vers le groupe majoritaire », abonde une source parlementaire. La même ajoute, à propos de Bardella : « Ce sera une manière de lui mettre le nez dedans. » La stratégie est claire : à défaut de le battre dans les urnes, montrons à ses électeurs que le RN se dérobe à ses responsabilités… Le principal intéressé le redit pourtant ce soir sur France 2 : il n'entend gouverner que s'il dispose des 289 députés nécessaires.

Toujours est-il que dans l'intervalle, le gouvernement démissionnaire devra gérer les « affaires courantes » – une expression qui s'apprête à entrer dans le langage des journalistes et des Français. Le directeur de cabinet de Gabriel Attal, Emmanuel Moulin, a d'ailleurs déjà briefé ses homologues des autres ministères sur cette éventualité pour le moins inhabituelle car, comme souvent, la Constitution est sujette à interprétations. À quelles nominations peut-on procéder sous un tel régime ? Quelles mesures relevant de l'« urgence » ou d'une « impérieuse nécessité » peuvent-elles être prises en « affaires courantes » ? Question de point de vue… ou presque. « Plus cela dure longtemps, plus des questions qui n'étaient pas "urgentes" le deviennent… », décrypte le constitutionnaliste Benjamin Morel, pour souligner la complexité du problème.

Certes, sous la Ve, jamais les affaires courantes n'ont duré plus de neuf jours (c'était en 1962), mais elles ont été plus nombreuses et plus longues sous la IVe, a affirmé le secrétariat général du gouvernement – le « SGG », dans le jargon – dans une note détaillée adressée aux dircabs ministériels, ce 2 juillet, après avoir fait mouliner ses experts et étudié les archives. En réalité, il y a débat : le Conseil d'État estime que la période d'affaires courantes consécutive à la démission (acceptée) de Georges Pompidou en 1962 – donc sous la Ve – a duré soixante-deux jours, et non pas neuf, mais passons. Le but de ce vade-mecum de dix pages est clair : l'exécutif entend proposer une lecture qui préserve au

maximum les marges de manœuvre du gouvernem
cas où la situation se prolonge.

« Sans doute le devoir qu'a le Président de la République d'assurer le bon fonctionnement des pouvoirs constitutionnels l'oblige-t-il à s'efforcer de nommer un Gouvernement de plein exercice dont la responsabilité devant le Parlement pourra trouver à jouer. Toutefois, dès lors qu'aucune règle de la Constitution de 1958 n'impose [...] de délai au Président de la République pour nommer un tel Gouvernement, rien n'interdit par principe qu'en cas de difficulté à le former, une période relativement longue puisse, comme c'est arrivé par le passé, s'instaurer à l'issue des élections législatives à venir », peut-on ainsi y lire.

Autre point de détail non négligeable, reçu 5/5 à Matignon : « La période dite des affaires courantes commence non pas à compter de la présentation par le Premier ministre de sa démission, mais à compter de l'acceptation de cette dernière par le président de la République », souligne le SGG. Elle « se termine lorsqu'un décret portant nomination d'un nouveau gouvernement est publié et pas dès la nomination d'un nouveau Premier ministre ».

Gruppettos

Entre François Ruffin et Jean-Luc Mélenchon, à gauche, la séparation est, pour le coup, déjà actée. « Mes désaccords avec Jean-Luc Mélenchon sont connus, ils sont profonds », a déclaré ce matin le candidat Picardie debout !, en duplex sur RTL. « On a vécu trois semaines dures, parce qu'on a un boulet », lâchera-t-il encore un peu plus tard dans la journée sur BFM TV, au cas où le message n'aurait pas atteint les oreilles des électeurs de sa circonscription, qui, pour certains, lui ont manifesté leur anti-mélenchonisme. Le député sortant de la Somme, qui a cette fois refusé l'investiture LFI, confirme au passage son intention de ne pas siéger avec ses camarades Insoumis s'il est réélu. Les discussions vont d'ailleurs déjà bon train entre renégats de LFI – Alexis Corbière, Danielle Simonnet, Hendrik Davi, Clémentine Autain et quelques autres – pour réfléchir à l'éventuelle constitution d'un nouveau groupe après le second tour, peut-être avec des Écologistes et des élus de Génération.s (le mouvement de Benoît Hamon), voire avec des communistes.

Pour Ruffin, cela allait sans dire, certes. Mais à 7 points derrière le RN au premier tour, il sait avoir besoin de recueillir au moins une partie des voix de la candidate macroniste Albane Branlant, qui s'est retirée après le premier tour en sa faveur. N'a-t-il d'ailleurs pas fait imprimer différents tracts, pour sa circonscription, adaptés à ses différentes sociologies ? Sur l'un d'entre eux, on trouve la photo de son ancienne adversaire centriste, mais aussi – on croit rêver – de François Bayrou, à qui ces mots sont prêtés : « Je n'ai aucun problème avec François Ruffin qui a pris clairement ses distances à l'égard de Jean-Luc Mélenchon ».

Méluche, qui – après les protestations de Ruffin à propos des « purgés » de LFI – avait estimé que le député de la Somme était « parti tout seul » du mouvement, prend un air blessé pour mieux cingler sur TF1, ce soir à 20 heures : « Quand le vent souffle fort, il emporte aussi les girouettes. »

VENDREDI 5 JUILLET

Ça pipeaute

Tic, tac, tic, tac. Il ne reste que quelques heures avant que les candidats ne soient contraints de remballer tracts et autres messages à caractère électoral pour respecter la période dite « de réserve ». À partir de minuit ce soir, les médias eux aussi seront tenus de ne plus publier de nouveaux sondages ou d'informations de nature à influencer l'issue du scrutin d'ici au vote de dimanche.

À 21 heures et des poussières pourtant, un « scoop » est publié sur le site du *JDD* et aussitôt relayé par Jordan Bardella sur X. « Le gouvernement s'apprête à suspendre la loi immigration », affirme le journal. Diantre ! En guise de preuve, la capture d'écran d'un décret d'application du titre 7 dudit projet de loi, accompagné de la mention, en lettres majuscules : « NE PAS PUBLIER POUR LE MOMENT ». Quelques mots censés prouver qu'un deal serait dans les tuyaux, puisque l'exécutif projette de renoncer à un texte de loi qui avait braqué la gauche au Parlement. Sueurs froides au ministère de l'Intérieur et à Matignon, qui organisent la riposte dans l'instant : la quasi-intégralité des membres du gouvernement – rarement les a-t-on vus aussi coordonnés – dément l'info sur ses réseaux sociaux, dénonçant en chœur une infâme « fake news ».

Le journal finira par repatouiller son titre quelques heures plus tard, tâchant de ne pas perdre la face : « Loi immigration : le gouvernement s'engage à publier les décrets dans les délais. » « Le gouvernement a envisagé de repousser la publication des décrets d'application des éléments les plus répressifs de la loi immigration », affirme-t-il toujours dans son chapô, ajoutant au passage la signature du chef du service politique d'Europe 1, Louis de Raguenel, au pseudo du premier signataire inconnu.

Un peu plus tôt dans la semaine, Politico avait pourtant écrit, rappelons-le, que le secrétariat général du gouvernement et le cabinet du Premier ministre mettaient au contraire la pression sur le Conseil d'État pour qu'il rende des avis sur des décrets que Matignon espère publier avant le 8 juillet. Parmi eux figurent notamment les textes concernant les lois immigration et de financement de la Sécu. Le tout par crainte d'une situation de blocage après le second tour.

Pourquoi l'exécutif voudrait-il suspendre, même provisoirement, la publication de l'un des décrets d'application en question ? « On voulait faire un tir groupé de l'ensemble, le but était juste d'attendre d'avoir l'ensemble des décrets pour publier », nous assure une source matignonnesque.

N'empêche, au Conseil d'État, où il n'a échappé à personne que l'application de la loi immigration est effectivement un point d'achoppement dans d'éventuelles discussions avec la gauche – plusieurs figures ont mentionné son abandon parmi les préalables à toute discussion –, une source tenant à préserver son anonymat s'interrogera auprès de nous sur un éventuel souhait du gouvernement de temporiser « pour ne pas créer de polémique dans le contexte électoral ». Dit moins pudiquement : pour ne pas insulter l'avenir.

SAMEDI 6 JUILLET

Ça se castagne

J-1 avant la grande « clarification » voulue par Emmanuel Macron. Le président est parti au Touquet jusqu'à demain soir, comme à son habitude, offrant quelques heures de répit à son équipe. Au sein du cabinet présidentiel aussi, justement, on se prépare secrètement à une éventuelle cohabitation, ou en tout cas à une évolution de la donne politique, bien qu'on jure officiellement « attendre de voir le visage de la Chambre », comme nous l'écrit Jonathan Guémas, que nous interrogeons sur le sujet. Une réunion s'est même tenue discrètement en début de semaine au Palais, autour d'Alexis Kohler. Les « chefs de pôle » étaient conviés. À savoir, notamment : les deux adjointes du secrétaire général, Émilie Piette et Constance Bensussan, la conseillère Claire Le Deuff, le chef du pôle politique et parlementaire Grégoire Potton et le patron de la communication Jonathan Guémas. Il s'agissait de réfléchir au fonctionnement interne du Palais et aux futures relations avec Matignon après les élections.

Premier problème : depuis 2017, la présidence et l'hôtel du Premier ministre partagent certains conseillers techniques (qui se retrouvent déjà un poil tiraillés, depuis le

9 juin dernier, entre leurs patrons de la rue de Varenne et ceux du Château). On souffle l'idée de ramener ceux-là complètement à l'Élysée, tout en s'interrogeant sur leur nombre. Il semble clair en effet que le cabinet du président devra comprendre, à l'avenir, moins de conseillers techniques et plus de conseillers politiques, nous explique-t-on. Et puis l'Élysée s'interroge : faudra-t-il, précisément, plus de conseillers parlementaires ? Pierrick Perrot, qui en fait partie, connaît bien la gauche et les macronistes, et n'exclut pas de quitter ses fonctions d'ici quelques mois. Faut-il s'adjoindre les services d'un autre, qui connaîtrait plutôt la droite ? Faut-il, en outre, un meilleur connaisseur des élus locaux ? Jean-Marie Caillaud, chargé des territoires, est quant à lui pressenti pour être nommé préfet à l'automne, tandis que Charlotte Dewitte, qui était elle aussi conseillère parlementaire, partie en février, n'a pas encore été remplacée.

Certains notent au passage avec amusement que si l'heure de la cohabitation n'est pas encore venue, la communication avec Matignon est déjà coupée, ou presque. Les réunions hebdomadaires entre communicants du président et du Premier ministre n'ont plus lieu, officiellement à cause de la campagne. Chargée de la communication internationale d'Emmanuel Macron, Anastasia Colosimo, l'une des rares côté Élysée à avoir des connexions dans l'équipe de Gabriel Attal, se verra même demander de mettre un terme à ses liens personnels avec Louis Jublin, l'un des plus proches conseillers du Premier ministre, croit savoir l'une de nos sources au parti.

Le renforcement de l'équipe politique apparaît comme une nécessité évidente, en tout cas, pour les plus expérimentés, que nous questionnons sur le sujet et qui arrivent déjà à imaginer à quoi ressemblera une cohabitation vue de la rue du Faubourg-Saint-Honoré : « Le président passe en économie de guerre », commente ainsi un habitué du Palais, croyant savoir qu'Emmanuel Macron aura à cœur de sortir quelques-uns de ses collaborateurs ayant un peu trop « le nez sur leurs tableaux Excel ».

De quoi faire régner, plus encore que d'habitude, nous confie un conseiller sans mâcher ses mots, une « bonne ambiance de merde » dans l'équipe élyséenne. Le pôle politique et l'équipe de communication – leurs chefs en tête, Grégoire Potton et Jonathan Guémas – ne se parlent que très peu, et encore moins qu'auparavant. Le second est meurtri par les critiques qui sont formulées dans son dos à son endroit depuis la dissolution, bien qu'il se livre peu, nous rapporteront plusieurs interlocuteurs. Quand les uns ne reprochent pas aux autres de leur « taper dessus » par presse interposée, comme nous l'écrit un autre, les autres font circuler le bruit que le président envisage d'annoncer ce grand ménage dans ses équipes dès lundi, dans la foulée du Conseil des ministres qui doit en principe avoir lieu (il n'a pas été confirmé officiellement) avant le départ du président pour le sommet de l'OTAN à Washington. Nous qui avons eu vent de plus d'une rumeur de départ de l'Élysée en sept ans de macronisme savons toutefois qu'elles ne se confirment que peu. Pas le genre du président, qui ne s'abaisse que rarement à gérer ses problèmes de ressources humaines. Sauf que cette fois, c'est le résultat des élections qui changera la donne.

DIMANCHE 7 JUILLET

Un truc de flou

Ni cuir, ni casquette noire, ni lunettes d'aviateur, ce week-end. Disparu des écrans depuis sa sortie « décontractée » dimanche dernier, Emmanuel Macron s'est contenté de dîner dans une crêperie à l'abri des regards, hier soir, avant d'aller se promener sur le front de mer de son fief familial du Touquet. Ce n'est que peu après midi qu'il est réapparu sur les écrans des chaînes d'info pour aller voter au Palais des Congrès, avec son épouse.

Il n'y a pas non plus de dîner organisé ce soir à l'Élysée. Les invités du président se contenteront de boire et de grignoter autour de plusieurs tables rondes disposées sur la terrasse, tandis que les dizaines de collaborateurs suivent les résultats sous la verrière pavoisée du Jardin d'hiver.

Mais les « Usual Suspects » du président sont là : Clément Léonarduzzi, Jonathan Guémas, Richard Ferrand, Julien Denormandie, Sébastien Lecornu, Thierry Solère, Pierre Herrero. Gérald Darmanin, réélu, doit les rejoindre dans la soirée. Brigitte Macron, présente aussi bien sûr, fulmine : ce « régicide » de François Ruffin a finalement sauvé sa peau, dans la Somme. Elle déteste le député reporter, ancien élève, comme Emmanuel Macron, du lycée La Providence à Amiens, qui a affirmé en 2018, lors de la crise des Gilets jaunes, que le président « finirait comme Kennedy ».

Mais là n'est pas la grande surprise de la soirée : les appels au barrage républicain ont fait mieux que fonctionner et le NFP est arrivé en tête des trois grands blocs, à la surprise générale, avec 193 députés élus. Arrivé en tête, certes, d'une course que… personne n'a gagnée, analyse-t-on à l'Élysée – le NFP reste en effet à 101 sièges de la majorité absolue, ne passant pas la barre symbolique des 200 élus. N'empêche que, en dehors des murs du Palais, la surprise et le soulagement ont été tels qu'ils ont aussitôt cédé la place aux célébrations. Voire à la griserie. Bien vite et toute la soirée, les télévisions diffuseront les scènes de liesse de la place de la République, à Paris. À Marseille, à Bordeaux, à Lille, la gauche a aussi manifesté sa joie et son soulagement dans la rue. Et un à un, dans la soirée, tous ses dirigeants se diront prêts à gouverner.

Dès l'annonce des résultats, Jean-Luc Mélenchon répète sur toutes les antennes qu'« aucun subterfuge, arrangement ou combinaison ne saurait être acceptable », et que le NFP forme « un tout dont on ne peut dissocier les différentes parties ». L'Insoumis en chef le sait : le rééquilibrage du rapport de force interne à l'alliance s'est produit. Si le nombre de députés insoumis augmente (ils sont désormais 78, contre 75 auparavant), le groupe PS double quasiment sa taille pour atteindre autour de 66 élus. Or, ses alliés ne sont pas aussi clairs que lui sur la possibilité, ou plutôt l'impossibilité, d'un deal avec le bloc central.

Le premier secrétaire du PS, Olivier Faure, a certes déclaré qu'il ne se prêtera « à aucune coalition des contraires

[...] qui viendrait trahir le vote des Français et prolonger les politiques macronistes». Mais il a aussi tendu une perche aux membres de l'aile gauche de la majorité sortante, en les appelant à ne «jamais» mêler «leurs voix à celles de l'extrême droite pour empêcher le NFP de gouverner». Comprenez : à s'engager à ne jamais voter une éventuelle motion de censure avec le RN. Or, c'est avec ce même argument moral que certains Écologistes, notamment, songent à arrimer au NFP quelques macronistes de gauche, non pas pour former une coalition de gouvernement à proprement parler, mais pour s'entendre sur certains projets.

Et la tonalité est encore plus allante du côté de Raphaël Glucksmann, qui appelle la gauche «à se comporter en adulte», ajoutant : «Il va falloir parler, il va falloir discuter, il va falloir dialoguer.» C'est pourtant sans lui que les quatre chefs de parti de gauche – Marine Tondelier (Écologistes), Manuel Bompard (LFI), Olivier Faure (PS) et Fabien Roussel (PCF) – se verront tard le soir pour parler de la suite, en prévoyant de se retrouver le lendemain. Les patrons des partis du Nouveau Front populaire ont accordé leurs violons, en tout cas selon Marine Tondelier, avec qui nous échangeons peu avant 3 heures : «On est prêts pour les matinales», se réjouit-il.

Le président, lui, qui considère avant tout que rien n'est joué à cette heure, a accueilli les résultats avec une satisfaction non dissimulée. Et ce, dès la réunion des chefs de file de la majorité sortante organisée autour de lui à partir de 18 h 30, dans le salon Murat, comme le dimanche précédent. «Nos idées continuent d'être là et n'ont pas moins de votants», s'est ainsi félicité Emmanuel Macron, tout en invitant à plusieurs reprises ses convives à être prudents dans leurs commentaires. « Je procéderai en fonction de la Constitution et de la force politique en tête », a encore déclaré le président de la République, à une heure où certains espéraient encore voir la coalition macroniste virer en tête devant le Nouveau Front populaire. « Il faut maintenant apaiser le pays, laisser les choses s'organiser à l'Assemblée », a-t-il encore enjoint.

Pour le RN, c'est la douche froide. Certes, ils ont sur le papier quelques bonnes raisons de se féliciter : avec 142 sièges de députés, soit une cinquantaine de plus que lors de la précédente législature, le parti à la flamme (avec son allié ciottiste) augmente d'un tiers ses effectifs. Mais les lepénistes ont réalisé un score bien inférieur à ce que leur prédisaient les sondages – à la stupéfaction de Marine Le Pen et de son entourage, incrédules, avons-nous ouï dire, à la découverte des premières estimations tombées en fin d'après-midi. L'ancienne candidate à la présidentielle a suivi les résultats depuis le premier étage du pavillon Chesnaie du Roy du Parc floral de Vincennes, où se tenait une fois de plus la soirée électorale du parti, en compagnie de Jordan Bardella et de quelques élus connus, comme Bruno Bilde ou l'eurodéputé Philippe Olivier, beau-frère et conseiller de Marine Le Pen – les autres sont sur les plateaux. François Durvye (bras droit du milliardaire catholique Pierre-Édouard Stérin) est là lui aussi – déjà le 9 juin Le Pen avait laissé filtrer une photo de la soirée électorale des élections européennes, qui se tenait au même endroit, sur laquelle il figurait.

Quand ils reçoivent les premiers résultats, Le Pen et ses proches comprennent bien vite qu'ils n'auront pas de majorité, qu'elle soit relative ou absolue. Et que leur score correspond plutôt à « la fourchette très basse » de leurs pronostics. Mais certains résultats laissent une petite place au doute : « C'est compliqué parce qu'on a beaucoup de candidats entre 48 et 52, en gros », nous rapporte un témoin de la scène. Certains seront donné gagnants par les médias, avant de finalement perdre d'un cheveu, et inversement. Marie-Caroline Le Pen, sœur de Marine et femme de Philippe Olivier, dont la candidature dans l'ancienne circonscription sarthoise de François Fillon avait fait sensation au début de la campagne, est ainsi annoncée victorieuse à la télévision… avant d'être éliminée sur le fil, après dépouillement des bulletins de vote du Mans, dont on aura les résultats très tard. Le coup est rude.

S'ils ont été très surpris, les barons du RN comprennent la tendance : ils n'auront pas de majorité, ni relative ni absolue. « On est déçus », concédera le même témoin dans l'été. Assurant toutefois que la plupart des personnalités présentes réagissent alors avec le « calme des vieilles troupes », eux qui ont connu tant de véritables défaites. D'ailleurs, il n'est pas encore l'heure de dresser le bilan de la campagne. Très vite, on passe à l'action en préparant la prise de parole de Bardella. Le président du parti avait travaillé un premier jet de discours qui « envisageait une possibilité de victoire », nous dit-on, mais il imaginait plutôt une majorité relative, autour de 240 députés. Ce sera le dernier « ajustement » de la campagne.

De leur côté, les stratèges du camp présidentiel parient déjà sur un éclatement rapide du NFP, ce qui permettrait de constituer une éventuelle nouvelle coalition, à leur sauce, et d'éviter le blocage institutionnel qui se profile. D'autant que la déroute qui s'annonçait pour les macronistes après la dissolution de l'Assemblée est évitée : ils ne devraient perdre « que » quelques dizaines de sièges, 80 environ. Un cadre de Renaissance se laisse même aller à quelques calculs optimistes : « Sans LFI, ils sont moins que nous, et nous, on est plus que le RN. » « Il nous en manque 19 [pour dépasser le NFP]. Entre les divers droite, des Ultramarins, des UDI, tout est possible », veut encore croire ce soir une ministre venue de la droite, soulignant au passage que le pays « n'a jamais été autant à droite ». Le score des Républicains, d'ailleurs, moins cataclysmique que prévu (LR conserve 47 élus), n'est pas passé inaperçu dans le camp présidentiel. Au sénateur François Patriat, le président passe ses consignes face aux médias : « Sois prudent. Tu dis que j'ai entendu le verdict, que je vais prendre mon temps, que je vais laisser faire l'Assemblée. »

Ce soir, les communicants du président, obéissant à sa consigne de prudence dans les commentaires, prendront soin de ne pas se prononcer sur la couleur politique du futur Premier ministre. « La situation n'est pas insoluble ! » se borneront-ils à répéter. Le constat de l'Élysée : il n'y a pas de majorité de blocage « des extrêmes ». Autrement dit, l'addition des voix RN et LFI n'atteint pas les 289 députés. Ce qui, sur le papier, offre une latitude pour former le « large rassemblement » dont parlait le chef de l'État au soir du premier tour.

Si Gabriel Attal a fait savoir, dans un discours très solennel prononcé depuis la cour de Matignon, qu'il présenterait sa démission dès demain, le président, qui doit décoller mardi pour le sommet de l'OTAN à Washington, a surtout dans l'idée de temporiser, comme il avait prévu de le faire. Après tout, le Premier ministre n'a-t-il pas dit qu'il était prêt à assurer ses fonctions aussi « longtemps que la France aura besoin de [lui] » et alors que « notre pays se prépare à accueillir le monde » ? Voilà qui tombe à pic : Emmanuel Macron entend prendre de la hauteur, mais aussi « laisser les groupes et les intergroupes se constituer à l'Assemblée », car, ainsi que le souligne ce soir un cadre de la majorité, « ça va permettre d'y voir clair ».

Les grandes manœuvres ont en effet déjà commencé : les députés nouvellement élus, qui vont arriver à l'Assemblée à partir de demain, ont jusqu'au 18 juillet pour s'affilier à un des groupes politiques qui, eux, doivent se déclarer soit dans la majorité, soit dans l'opposition. Déjà, à 18 h 30, à l'Élysée, la discussion entre chefs de parti a vite dérivé sur la bataille à venir de l'élection du nouveau président de l'Assemblée : sa désignation sera déterminante dans la constitution d'une nouvelle majorité, analyse-t-on. Il faut donc partir sans tarder à la chasse aux « députés flottants », selon un participant : les non-inscrits, notamment, ou certains membres du très hétéroclite groupe Liot. S'il fait peu de doute que le RN – qui deviendra malgré tout le premier groupe de l'hémicycle – s'inscrira dans l'opposition, une grande incertitude plane sur le reste des groupes. Leur choix ne sera pas sans conséquence pour la répartition des postes clés de l'institution…

ÉPILOGUE

Vingt-quatre heures ou presque se sont écoulées depuis l'annonce des résultats du second tour des élections législatives. Emmanuel Macron, derrière un pupitre, le visage adouci par l'éclairage bleu-blanc-rouge de la verrière du Jardin d'hiver de l'Élysée, rend hommage au philosophe Edgar Morin, reçu à l'Élysée, le jour de ses 103 ans, pour recevoir la grand-croix de la Légion d'honneur. Jack Lang, Jean-Pierre Raffarin, Anne Hidalgo sont assis au premier rang, face aux deux hommes, parmi quelques dizaines d'invités de marque. Les anciens ministres Jean-Michel Blanquer et Rima Abdul Malak sont là aussi.

Le président de la République semble détendu, il sourit. « Rien ne presse », expliquera-t-il en substance aux uns et aux autres, après avoir accordé un aparté d'une demi-heure à Morin.

Le philosophe, dans un bref discours, qu'il a prononcé debout lui aussi, a pourtant parlé du danger que la dissolution avait fait courir au pays à ses yeux. Pas de quoi faire faire des ronds de jambe au président. Est-il soulagé, ou tout simplement satisfait ? Les deux, sans doute : « On les a bien retournés », a-t-il glissé ce matin dans un grand sourire à l'un de ses interlocuteurs, qui le félicitait des résultats de la veille. « Il a une certaine tendance à la post-rationalisation », grincera l'un de ses proches, interrogé quelques semaines plus tard sur l'humeur du président ce 8 juillet. De fait, le chef de l'État ne laisse pas transparaître le moindre doute ni le moindre remords. Il attend que la gauche lui fasse des propositions, jure-t-il, avant de prévenir, comme s'il n'était pour rien dans ce qui vient de se passer : « Il faut qu'ils soient raisonnables et proposent quelqu'un d'acceptable. Car c'est la dernière fois qu'on pourra faire barrage[1]. »

Dans la nuit, Emmanuel Macron, qui, quoi qu'il en dise, n'a aucune intention d'attendre que les partis du Nouveau Front populaire lui dégotent eux-mêmes un Premier ministre, a en réalité déjà sondé quelques interlocuteurs de gauche pour savoir qui ils imaginaient à Matignon. On lui a notamment parlé du député Boris Vallaud, qu'il connaît bien (ils étaient dans la même promotion de l'ENA et ont eu des fonctions similaires à l'Élysée sous François Hollande). Bref, le président « touille » et se prépare, déjà, « à reprendre l'initiative politique » plus tard, résumera l'un de ses proches. Au Palais, ce lundi, certains parmi ceux qui le connaissent pensent d'ailleurs voir clair dans son jeu : « Plus il attend et plus il va se tourner sur sa droite pour gouverner… », prédit une ancienne ministre.

Une chose est sûre. Emmanuel Macron, que ses proches aiment présenter comme le « maître des horloges », l'avait

1. Matthieu Aron et Alexandre Le Drollec, « Législatives : le sursaut et… l'inconnu », *Le Nouvel Obs*, 9 juillet 2024.

senti avant même le second tour : la partie ne s'est pas arrêtée hier soir avec l'annonce, pourtant implacable, des résultats. Le temps peut encore jouer en sa faveur. Et dans cette course à la lenteur, à trois semaines de l'ouverture des Jeux olympiques de Paris, un point sera déterminant pour la suite : l'élection du nouveau président de l'Assemblée nationale, qui, elle seule, dira la réalité des rapports de force dans ce nouvel hémicycle, anticipe-t-il.

Dans le cossu Salon vert de l'Élysée, le président a réuni autour de lui un peu plus tôt François Bayrou, Stéphane Séjourné, Gabriel Attal, le président de l'UDI Hervé Marseille, celui du Parti radical Laurent Hénart ainsi qu'Édouard Philippe, connecté en audio depuis Le Havre, pour commencer à mitonner un plan avec un objectif commun. Dit autrement par l'un d'eux : tenter de « faire la démonstration qu'il existe une majorité alternative » au NFP, qui comprendrait, donc, le bloc central, une partie de la droite et une partie des sociaux-démocrates. Le patron du MoDem a une idée : plutôt que de se contenter d'en parler, il faut se compter. Il propose de préparer un texte et de le faire signer par un maximum de députés – en tout cas plus que les 193 que compte désormais l'alliance des gauches, qui forme le premier « bloc » de l'hémicycle.

Problème : les heures et les jours passeront sans que les alliés du président ne voient le texte venir. Or, du côté de Renaissance, on s'est aussi mis en quête des précieux paraphes, en en rédigeant un autre… Voilà qui irrite déjà François Bayrou. Pire : l'affaire sera vite éventée et des journalistes tenteront d'en savoir plus. « Vous faites chier ! » s'emportera l'ancien candidat à la présidentielle, furieux de constater qu'on n'a pas su rester plus discret. Le projet fait long feu. Mais bien vite, le président se le réapproprie : « Autant que je l'écrive moi-même », lancera-t-il en substance à des proches. Ainsi est née l'idée d'écrire une « lettre aux Français ».

Mercredi 10 juillet, jour de sa parution, Anne Levade, Benjamin Morel et Dominique Rousseau, trois experts de la Constitution, seront reçus au Palais par Alexis Kohler et quelques conseillers, comme le rapportera *L'Opinion*[1]. Officiellement, on veut les interroger sur la façon dont ils voient les choses, les possibilités qui s'offrent au président, le temps dont il dispose... Mais ils comprendront bien vite qu'ils ne sont pas invités pour aider Emmanuel Macron et ses conseillers à prendre une décision. Ces derniers, à l'évidence, se sont déjà accordés sur la solution qu'ils prétendent chercher auprès d'eux – le président n'est-il d'ailleurs pas déjà en route pour un sommet de l'OTAN à Washington, où ses homologues le trouveront transparent ? Les spécialistes du secrétariat général du gouvernement ont déjà concocté en sus une note sur les marges de manœuvre dont peut disposer un gouvernement en « affaires courantes », on l'a vu. « Le sujet juridique était déjà balisé », nous confirmera l'un des trois invités.

Quant à la lettre, elle a été envoyée en amont aux Français – ou plutôt publiée, pardon, dans la presse régionale – et le président, assurera son entourage, y a mis la dernière main

1. Marie-Amélie Lombard-Latune, « Comment Emmanuel Macron twiste avec la Constitution », *L'Opinion*, 11 juillet 2024.

depuis l'A330 qui l'emmène aux États-Unis (voilà pour ceux qui n'auraient pas saisi qu'il tenait à prendre de la hauteur). Nos trois experts reçoivent, dès leur sortie du Palais, les premiers messages de journalistes qui s'interrogent sur ce qu'y dit Emmanuel Macron.

L'entrevue n'a en réalité d'autre but que de tester la réaction de ces personnalités en vue, habituées des plateaux télé, histoire de s'assurer un service après-vente constitutionnel correct. Kohler les fait parler stratégie politique et leur vante d'ailleurs les mérites de ladite lettre, leur explique qu'elle va permettre de calmer, d'apaiser la situation. « Personne ne l'a emporté », y déclare le président. « Les coalitions qui ressortent de ces élections sont toutes minoritaires », souligne-t-il encore, avant de plaider en faveur d'un « large rassemblement » avec « les forces politiques se reconnaissant dans les institutions républicaines », dont il exclut LFI et le RN.

La suite, est connue. Une autre idée obnubile désormais Emmanuel Macron : faire réélire Yaël Braun-Pivet à la présidence de l'Assemblée nationale, le 18 juillet. Certes, il ne l'a jamais portée dans son cœur. Mais elle l'a convaincue qu'elle était la meilleure chance des macronistes. Alors le chef de l'État chargera ses conseillers habituels d'y œuvrer, et Braun-Pivet, aidée par un deal passé entre le chef de file des députés LR, Laurent Wauquiez, et Gabriel Attal, l'emportera avec treize voix d'avance sur le candidat du NFP, le communiste André Chassaigne. Pour le plus grand bonheur du président.

Une chose cependant le chiffonne : devenu président du groupe Renaissance – désormais appelé « Ensemble pour la

République » –, Gabriel Attal a laissé ses troupes s'opposer à ce que le Rassemblement national et ses alliés, qui comptent désormais 142 députés, décrochent des postes à responsabilité à l'Assemblée. « Une connerie », estime Emmanuel Macron en privé. Il l'a dit à Braun-Pivet, qui y était opposée aussi. Les lepénistes sont hors d'eux – « On va vous planter », a même lancé le vice-président du parti, Sébastien Chenu, hors de lui, à un conseiller de la présidente de l'Assemblée croisé devant l'hémicycle entre le deuxième et le troisième tour de l'élection au perchoir, avant de laisser entendre que vingt de ses députés pourraient voter en faveur de Chassaigne en guise de mesure de rétorsion (ce qui n'arrivera finalement pas). « Ça a été le premier acte du nouveau jeu d'Attal », commentera-t-on au Palais-Bourbon. Si le futur ex-Premier ministre adopte une ligne dure vis-à-vis du RN, de même qu'il a, au cours de la campagne, cherché à créer des ponts avec la droite et la gauche modérées, c'est uniquement parce qu'il pense déjà à 2027, affirme-t-on en écho à l'Élysée.

Mais on le sait bien : c'est la dissolution qui a tout accéléré. Et Gabriel Attal n'est pas le seul à avoir déjà repris sa liberté. Édouard Philippe et Bruno Le Maire ne l'ont pas caché pendant la campagne. Gérald Darmanin a trouvé la porte de sortie du ministère de l'Intérieur, même s'il reste proche du président. Les députés, eux, n'ont plus la même docilité – c'est peu de l'écrire. Plus rien ne sera comme avant. À moins de considérer, comme nous le disait au début du mois de septembre un vieux compagnon de route du président, à l'heure où celui-ci tardait à choisir son nouveau Premier ministre, qu'au fond le président « va enfin pouvoir réaliser son rêve secret : faire du Macron sans les macronistes »…

REMERCIEMENTS

Merci à Dorothée Cunéo, directrice des Éditions Denoël, d'avoir eu l'idée de ce livre et de ne pas avoir renoncé, en ce mois de juin fatidique, quand je ne trouvais pas le temps de répondre au téléphone.

Merci à Marion Solletty, directrice de la rédaction de Politico à Paris, de m'avoir encouragée dans ce projet dès l'instant où je lui en ai parlé. Merci à Jamil Anderlini, directeur de la rédaction de Politico Europe, de nous avoir donné son feu vert les yeux fermés.

Merci aux formidables auteurs de notre infolettre quotidienne Playbook Paris de m'avoir fait confiance et de m'avoir prêté les textes rédigés à la sueur de leur front durant ces semaines mémorables. Merci aussi à eux d'avoir mis la main à la pâte cet été, pour compléter et peaufiner notre récit. Merci à Anthony Lattier d'avoir assuré toute la campagne les deux doigts dans la prise (sans se départir de son flegme légendaire), à Sarah Paillou pour son obsession du détail, sa plume ciselée et ses délicieuses lubies, à Anne-Charlotte Dusseaulx d'avoir si bien trouvé sa place dans notre équipe de zinzins et d'avoir enrichi ce récit par sa connaissance pointue de toutes les gauches, et à Élisa Bertholomey, qui, alors qu'elle s'occupait de sa petite Luisa, née peu de temps avant que nous rédigions ce livre, a trouvé du temps pour nous aider à gratter des infos, comme on dit.

Merci à Matthieu Verrier, qui a édité à merveille toutes nos newsletters depuis chez lui en Australie et a contribué à ce récit. Et à Sofiane Orus Boudjema, qui nous aide à écrire Playbook tous les jours.

Merci au reste de la fine et joyeuse équipe de Politico à Paris, avec qui il est si plaisant de travailler. À Paul de Villepin, Laura Kayali et Océane Herrero notamment, qui, sans le savoir, ont aussi contribué à l'écriture de ce livre.

Merci aux sources innombrables – élus, ministres, députés, députés européens, sénateurs, conseillers et autres collaborateurs de toutes sortes – qui nous font confiance tous les jours, nous aident à être au plus près de la vérité et nous lisent avec attention.

Merci à Nicolas, Aimée, Camille et Rosalie (qui a l'âge de Playbook Paris !), d'avoir supporté de me voir pianoter sur mon ordinateur tout l'été. Et toutes ces années.

Table